Патриция Томпсон (Е.В.Маяковская).
Фото Н.Лаврентьева

Patricia J. Thompson.

MAYAKOVSKY
IN
MANHATTAN

A Love Story
With Excerpts from the Memoir
of Elly Jones

NEW YORK
1993

**Патриция Дж. Томпсон
(Елена Владимировна Маяковская)**

*Маяковский
на
Манхэттене*

История любви
с отрывками из мемуаров
Элли Джонс

Москва
ИМЛИ РАН
2003

Патриция Дж. Томпсон. Маяковский на Манхэттене. История любви с отрывками из мемуаров Элли Джонс. — М.: ИМЛИ РАН, 2003. — 142 с.

Перевод с английского Екатерины Гуминской

Под редакцией и с комментарием В.Н.Терёхиной

Предисловие А.М.Ушакова

На обложке: рисунок Владимира Маяковского. 1925.

ISBN 5-9208-0169-7

Несколько слов о путешествии Маяковского в США, об Элли Джонс и Патриции Томпсон.

Во второй половине 1925 года Маяковский, до этого неоднократно выезжавший в зарубежные страны, побывал в Соединенных Штатах Америки. Прямого пути туда в те годы не было, добираться пришлось через Францию, Кубу, Мексику, в которой поэт почти месяц добивался и ждал разрешения на въезд в США. И наконец 30 июля 1925 года он оказался в Нью-Йорке.

За три месяца пребывания в Соединенных Штатах Маяковский посетил Кливленд, Детройт, Чикаго, Питсбург, Филадельфию, выступая с лекциями о Советской России, о новом революционном искусстве, читая стихи, отвечая на записки.

Впечатлений от путешествия по Америке у него было много. Причем не только от того, что он напрямую соприкоснулся с другим социальным миром — его технические достижения и кричащие противоречия буквально на каждом шагу бросались в глаза. Не могли не запомниться яркие встречи с сотнями неизвестных ему людей, большинство которых хотя и были выходцами из России, но в значительной степени уже были интегрированы в другую социальную систему. Безусловно остался след в его душе и от множества новых знакомств.

Весьма внушительно выглядели творческие результаты этого путешествия — более двух десятков новых стихотворений, книга очерков «Мое открытие Америки», не говоря уже о том, что воздействие американских впечатлений сказалось и на других, более поздних произведениях поэта.

После возвращения Маяковского в конце ноября 1925 года в Москву тема его пребывания в Америке стала на довольно значительный срок основной в его выступлениях. Во время лекций поэт рассказывал об увиденном и услышанном в США, отвечал на многочисленные вопросы публики.

Но за гранью его выразительных рассказов оставалась некая тайна, в которую поэт не хотел никого посвящать. Там, в далеких от родины краях он встретил молодую женщину, родившуюся и выросшую в России, но оказавшуюся волею судьбы в

3

США, с которой его соединило любовное чувство. И как знать, получи оно свое продолжение, возможно, жизнь Маяковского сложилась бы по-иному. Но случилось так, как случилось. Отъезд Маяковского из Америки по существу поставил точку в их отношениях. Но всей этой истории не суждено было закончиться, ибо после того, как Маяковский и Элли Джонс (по рождению — Елизавета Петровна Зиберт), а именно так звали «американскую любовь» поэта, расстались, у нее родилась дочь, которую нарекли Еленой. Об этом, конечно, были осведомлены люди из близкого окружения Маяковского, но и они не хотели делать эту историю достоянием многих, хотя в написанной через много лет после трагической гибели Маяковского поэме Николая Асеева «Маяковский начинается» (а он был верным соратником Маяковского по литературной борьбе) есть строки, несколько приоткрывающие завесу над этой тайной:

> Только ходят
> слабенькие версийки,
> слухов
> пыль дорожную крутя,
> будто где-то
> в дальней-дальней Мексике
> от него затеряно дитя.

Шли годы. Мир, как известно, был втянут в водоворот гигантских исторических событий и социальных катаклизмов. На фоне этих потрясений многое могло забыться. Одно время казалось, что следы американской дочери Маяковского окончательно затерялись. Во всяком случае, усилия и Д.Бурлюка, и Л. Брик, не раз пытавшихся раздобыть хоть какие-то сведения о ней, ни к чему не привели. И только в самом начале 1990-х годов, страшно сказать, — через 60 лет после гибели Маяковского, из публикаций прессы в США и России стало известно, что дочь поэта Елена Владимировна Маяковская (по рождению), Патриция Дж. Томпсон (в замужестве) жива, здравствует, полна творческих сил и намерений. С тех пор она — частый и желанный гость в России, активно участвует во многих научных и общественно-культурных мероприятиях, посвященных Маяковскому, проводимых в нашей стране и за рубежом.

В предлагаемой вниманию читателей книге «Маяковский на Манхэттене» Патриция Дж. Томпсон обстоятельно, с массой неизвестных подробностей рассказывает об истории любви своих родителей. Мы узнаем о многих важных событиях их жизни, о круге обстоятельств, благодаря которым жизненные пути Владимира Маяковского и Елизаветы Зиберт пересеклись. Книга написана ярко, вдохновенно.

Но читатель, взявший в руки это литературное эссе, должен знать, что его автор не только талантливый беллетрист, но и серьезный, известный ученый.

Патриция Дж. Томпсон является профессором Леман-колледжа Городского университета Нью-Йорка. Ее перу принадлежит 20 книг и более ста статей по проблемам экономики, социологии и психологии ведения домашнего хозяйства. Она по праву считается создателем собственной теории «гестианского феминизма» (Гестия — в греческой мифологии богиня домашнего очага). В соответствии с ее теорией проблема роли женского и мужского начал в жизни человечества рассматривается более широко, нежели это делается в чисто гендерных исследованиях, в которых между женской и мужской доминантностью видится больше непримиримых различий, чем схождений. Патриция Дж. Томпсон в этом отношении выступает за сотрудничество, позволяющее в итоге преодолеть сложившиеся стереотипы традиционного феминизма.

Последние годы Патриция Дж. Томпсон работала над новой книгой о Владимире Маяковском, названной «Phantom Father». В настоящее время книга завершена, извлечение из нее будет прочитано автором в Москве на международной научной конференции, посвященной 110-летию со дня рождения великого поэта.

А.М. Ушаков
зав. отделом Новейшей русской литературы
Института мировой литературы РАН.

Памяти Елизаветы Петровны
и
Владимира Владимировича —
моих матери и отца

ОТ АВТОРА

Молчание — это когда кто-то отказывается говорить, или когда запрещено называть что-то, или оно диктуется осторожностью; это меньше, чем ограничение общения, скорее оно неотъемлемый элемент, который сопутствует тому, о чем говорится, и непосредственно связан с тем, о чем говорится. Нельзя провести черту между тем, что говорят и о чем умалчивают; мы должны попытаться определить разные способы и причины умалчивания, понять, кто те, кто может и не может говорить, какой вид общения и какая форма осторожности требуется в каждом случае.

Мишель Фуко

В книге описываются события, о которых мой отец, Владимир Маяковский, и моя мать, Элли Джонс, по причинам, известным лучше всего им самим, договорились хранить молчание. Каждый раз, когда мама касалась этой темы, она прикладывала палец к губам (так же как Маяковский, когда собирался уезжать из Нью-Йорка и когда оба они еще не знали, что она беременна) и говорила: «Про это мы будем молчать».

Я не связана *их* обетом молчания и, чтобы заполнить пробелы в биографии моего отца, я нарушаю почти семидесятилетнее молчание.

Это моя первая попытка извлечь факты из тех вымыслов, которые затрудняли понимание великого поэта, оказавшегося моим биологическим отцом. В глубине души я «знала» своего отца. Его «X» хромосома определила мой пол*. Я также узнавала своего отца через любовь к нему моей матери. Мне бы хотелось рассказать о его пребывании на Манхэттене летом-осенью 1925 года. Эта книга об истории любви — взгляд со стороны Элли Джонс, которая любила Маяковского и как священный дар выносила и вырастила его ребенка, а также о «маленькой дочке», которая впервые говорит и пишет о своих родителях уже взрослым человеком.

---

* Речь идет о геноме человека и теории наследственной передачи признаков мужской хромосомой (XX) и женской (XУ).

7

О сиротском проекте

Это эссе можно назвать сиротским проектом по трем причинам: *во-первых*, оно написано дочерью, видевшей своего отца только раз в жизни (в 1928 году); *во-вторых*, хотя я и не писатель, эта работа имеет некоторое отношение к области моей профессиональной деятельности как феминистки-теоретика личной и общественной сфер жизни; и *в-третьих*, это было сделано без какой-либо финансовой поддержки. Я сама переписала соответствующую часть шести кассет, записанных моей матерью. Моя неосведомленность в транслитерации и других технических вопросах, — например, незнание правильного написания и произношения имен — может задеть ученых-славистов. Я использовала транслитерации, которые приблизительно соответствуют русскому произношению в английском языке. Определенные отрывки пленки и рукописей (по-английски, русски и немецки) требуют дальнейшего изучения специалистами, знающими данные языки и знакомыми с произведениями, на которые ссылается автор. Я прошу ученых снисходительно отнестись к моей работе, пока некоторые детали не будут откорректированы профессионалами. Несмотря на свой личный интерес, я все же старалась следовать определенным традициям такого рода повествования: оставаться беспристрастной, оспаривать объективность некоторых оценок, преодолевать собственные предубеждения, позволять фактам говорить самим за себя и передавать материалы, которые я получила, наиболее точно.

Я не специалист по творчеству Маяковского, хотя многие ожидают от меня именно этого. Я должна признать, что большую часть своей жизни я намеренно воздерживалась от чтения Маяковского и литературы о нем. Мне не хотелось оказаться под влиянием его личности. Я хотела быть — самой собой.

Использованные источники

Книга основана на шести кассетах бесед с моей мамой (записанных 5 июня 1979 и 4 сентября 1982 года с целью помочь ей оставить свою версию событий), рукописных заметках моей матери и многих разговорах, происходивших пока мы вместе работали над мемуарами «Маяковский на Манхэттене», не законченных в связи с ее смертью в 1985 году. Здесь отразилась информация, полученная мною во время четырех поездок в Москву в июле и октябре-ноябре 1991, ноябре 1992 и январе 1993 года, а также события, так или иначе проясняющие вопросы, затронутые моей матерью. В текст включена и не публиковавшаяся ранее глава под названием «Дочка» из книги С. Кемрада, которая неожиданно обнаружилась во время моего визита в музей Маяковского в Москве за месяц до путча в августе 1991 года. В этой книге она печатается в VI части. По определенным обстоятельствам история этого материала и его источник остаются неизвестными. Однако такие люди, как Светлана Ефимовна Стрижнева, директор музея Маяковского, и Маэль Исаевна Файнберг, редактор исправленного издания биографии Маяковского, написанной Кемрадом*, в которую должна была войти эта глава, подтвердили ее подлинность. Кто решил не публиковать ее? На этот вопрос я так и не получила ответа.

За четыре поездки в Россию (Москву и Санкт-Петербург) я встретила такое огромное количество людей, что было сложно сразу во всем разобраться и понять, как эти люди относятся к Маяковскому. Трехтомное издание переводов избранных произведений Маяковского на английском языке, подаренное и подписанное мне его составителем, Александром Ушаковым, оказалось особенно ценным и информативным**.

История моего проекта

Мое эссе не следует некоторым принятым в ученых кругах условностям, так как «ученый» в данном случае также является частью «истории». Вклад дочери в празднование 100-летнего юбилея Маяковского кажется вполне уместным. Это плод работы не только ума, но и сердца. Цитаты из произведений Маяковского появляются там, где его язык или метафоры кажутся мне наиболее подходящими. Иллюстрации взяты из моих личных архивов и из других установленных источников. Мое эссе лучше бы было назвать *mono-moire* или *memoire-graph****. Это

---

* См.: С. Кемрад. Маяковский в Америке: Страницы биографии. М.: Советский писатель. 1970.

** Mayakovsky, Vladimir. Selected Works in Three Volumes. Moscow: Raduga, 1985.

*** монографические воспоминания или мемуарная монография (*лат.*).

9

переплетение воспоминаний — моих и моей мамы, а также других людей, чьи жизни коснулись наших, чем и объясняются некоторые повторы в хронологическом построении эссе. События тех дней приходилось пересматривать по мере поступления новой информации. Надо сказать, что для нас с мамой смерть Маяковского в апреле 1930 года была личной трагедией и навсегда осталась вопросом без ответа.

Однажды, возможно в 1979 году, я попыталась записать интервью с мамой, придерживаясь позиции объективного ученого. Я собиралась использовать его в заявке на публикацию ее мемуаров. Те, кто прослушают эту пленку (ее копии будут храниться в архивах музея Маяковского), сразу увидят безуспешность этого предприятия.

Другой мой план заключался в том, чтобы моя близкая подруга, ныне покойная Криста Шор Станислаус, студентка по обмену из Германии, которую моя мама учила русскому языку в школе Манхейм Тауншип в Ланкастере (штат Пенсильвания), взяла на себя труд издания ее мемуаров. Я отдала ей мамины рукописи и пленки, и она увезла их к себе в Нюрнберг. Я надеялась, что ей удастся составить биографический очерк об «Элли», которую она знала как учителя и друга. Для Кристы мама всегда оставалась «Миссис Питерс». Для продвижения проекта Криста на неделю приезжала в мамин дом в Ланкастере в сентябре 1991 года. Мы вместе слушали мамины записи. Целую неделю говорили о рукописях, кассетах и воспоминаниях, которые остались после смерти мамы. Мы недоумевали по поводу голубой ленты, которую она велела искать среди личных вещей Маяковского. К нам приходила американская поэтесса Маргарет Берринджер, чьи стихи переведены на русский язык и пользуются популярностью в России. Я познакомилась с ней на поэтических чтениях в музее Маяковского в июле 1992 года.

К несчастью, жизнь Кристы оборвалась в декабре 1991 года, и со временем работа над проектом продолжилась с тяжелым сердцем.

Затем я собиралась напечатать «потерянную» рукопись Кемрада, снабдив ее комментариями. Скоро стало ясно, что из-за неточностей отдельная публикация материала вызовет больше вопросов, чем ответов. Теперь я думаю, что появление этой главы «Дочка» после стольких лет забвения прольет свет не только на чувства Маяковского ко мне — его ребенку, но также и на то, как созданный (если не сфабрикованный) о Маяковском миф служил целям пропаганды Коммунистической партии даже после того, как поэт выразил разочарование сталинским «новым советским порядком».

Решение президента Леман-колледжа включить 100-летие Маяковского в церемонию празднования 25-й годовщины колледжа завершило долгий период моих сомнений по поводу задуманного проекта.

Все началось 15 августа 1992 года в Ланкастере. Проснувшись после крепкого сна в маминой комнате, я впервые за многие годы прослушала две пленки, записанные 4 сентября 1982 года как *aide memoire**, чтобы с их помощью организовать мысли и рукописные заметки для возможной публикации. Кассеты нужны были мне только для того, чтобы прояснить содержание ее воспоминаний в той форме, в которой она хотела их записать.

Я отредактировала и соединила воедино разные отрывки воспоминаний об одном и том же событии. Я стремилась следовать намерению моей матери «записать все так, как было на самом деле», сохраняя уважение к этому слишком личному делу. Некоторые ее утверждения я проверила по независимым источникам. Там, где мне показалось необходимым, снабдила текст примечаниями. Один отрывок маминых мемуаров я отдала Бенгту Янгфельдту[1], шведскому ученому, который занимался изданием в России произведений Маяковского (1925–1930), приуроченным к столетнему юбилею поэта**.

Лицом к лицу с «Товарищем Историей»

Маяковский адресовал свою последнюю записку «Товарищу Правительству»***. Я использую тот же прием. Я внутренне беседовала с «Товарищем Историей» (мне говорили, этот термин сложно перевести на русский язык). Иосиф Бродский писал (1993), что история всегда повествует об отсутствии, а отсутствие всегда намного более заметно, чем присутствие. Я очень

---

* вспомогательные мемуары (*англ.*).

** См.: Бенгт Янгфельдт. О Маяковском и «двух Элли» // Литературное обозрение, 1993, № 6.

*** Последнее письмо Маяковского 12 апреля 1930 года адресовано «Всем». В нем есть обращение: «Товарищ правительство, моя семья — это Лиля Брик, мама, сестры и Вероника Витольдовна Полонская. Если ты устроишь им сносную жизнь — спасибо» // Маяковский В.В. Полн. собр. соч. в 13-ти тт. М., 1961. Т. XIII. С. 138. Далее сноски по этому изданию.

много думала об «отсутствии» меня и моей матери в истории жизни моего отца.

«Товарищ История» была моей подругой многие годы — не слишком простые отношения. Как иначе я могу объяснить стечение обстоятельств и совпадения, благодаря которым мне стало доступно так много значительных (но ранее неизвестных) источников информации о Маяковском в годы пост-*гласности*? *Гласность* сделала возможной встречу с Вероникой Витольдовной Полонской*, последней, кто видел моего отца живым, Маэль Исаевной Файнберг, дочерью друга моего отца Исайи Хургина**, и Татьяной Ивановной Лещенко-Сухомлиной, которая как очевидец подтвердила совместное пребывание моих родителей в Нью-Йорке.

Столетие Маяковского

Празднование столетия со дня рождения Маяковского прошло в Леман-колледже через год после празднования пятисотлетнего юбилея «открытия Америки» Кристофором Колумбом. Эссе Маяковского «Мое открытие Америки» (1926) резко отличается от всего, что писали до него посетившие эту страну, такие как де Токвиль, Кревкёр и Мартине***. Последняя сатириче-

---

* Полонская Вероника Витольдовна (1908–1994) — актриса, дочь звезды немого экрана Витольда Полонского. Окончила Школу-студию МХАТа, была замужем за артистом Михаилом Яншиным. В мае 1929 года познакомилась с Маяковским, оставила воспоминания об их отношениях (см.: «Имя этой теме:любовь!» Современницы о Маяковском. М.,1993. С. 275–322).

** Хургин Исая Яковлевич — председатель правления Амторга (американо-российской торговой компании, созданной в отсутствие дипломатических отношений между странами). Приехав в Нью-Йорк 30 июля 1925 года, Маяковский поселился на четвертом этаже в том же доме № 3 по Пятой авеню, где ниже этажом жил Хургин. Но 27 августа в 7 часов вечера Хургин и Склянский утонули, катаясь на лодке по озеру. Это происшествие связывали с антитроцкистской деятельностью ГПУ. Маяковский был на кремации в крематории Кембелл (угол Бродвея и 66-й улицы). Он телеграфировал 6 сентября Л.Ю.Брик, что «несчастье с Хургиным расстроило визные, деловые планы».

*** Алексис Токвиль (1805–1859) — французский историк, социолог, написал работу «О демократии в Америке» (1835). Жан де Кревкёр (1735–1813) — американский писатель французского происхождения, автор книг "Письма американского фермера" (1782) и "Путешествие по Верхней Пенсильвании" (1801); Марсель Мартине (1887–1944) — французский писатель, автор пьесы «Ночь».

ская работа об Америке Сола Стейнберга (1992), возможно, показалась бы ему более интересной. Впечатления Маяковского соответствовали представлению многих русских о том, каким должен был быть Новый Свет. Его комментарии часто оскорбляли американскую прессу. «Нью-Йорк Таймс» так озаглавила свою статью: «Красный поэт изобразил Соединенные Штаты влюбленными в доллар: деньги определяют наше искусство, любовь, мораль и правосудие, — говорит он московским футуристам» (21 декабря 1925. С. 1). Маяковский описал свои наблюдения с жесткой откровенностью — откровенностью, которая и сегодня остается актуальной (Hasty and Fusso, 1991).

Из-за того что это событие отмечалось в Леман-колледже в Бронксе, на территории Городского университета Нью-Йорка, в приложение я отобрала те части из «манхэттенских» воспоминаний моей матери, в которых рассказывается о посещении Маяковским зоопарка в Бронксе и квартиры его друга художника Давида Бурлюка, жившего во время описываемых событий с семьей в Бронксе на Харрисон-авеню[2].

Американский русист Карл Проффер писал:

«Лиля Брик была основным, полуофициальным источником информации о Маяковском, и многие рассказы и стихи Маяковского, написанные как дома, так и за границей, дошли до нас от нее... но со временем недоверие усилилось и вызовы были брошены» (1987. С. 79).

Теперь моя очередь бросить вызов кажущемуся нерушимым мифу о Маяковском, который был увековечен в ущерб Маяковскому как человеку — любящему, нежному, эмоционально ранимому человеку из плоти и крови, которого знала и любила моя мама, человеку, которого я знаю как своего отца. Кровь — не бронза — текла по его венам.

Это эссе — моя дань памяти матери и отца, предварительный набросок уже начатой более объемной работы. Хочу также заметить, что после более чем двух лет моих публичных появлений в качестве дочери Маяковского, многие из вопросов о его жизни и творчестве в 1925–1930 годах все еще остаются без ответа.

* * *

Если бы не постоянная поддержка и вера в важность проекта Анны Периман, то эта работа никогда бы не была закончена. Без помощи Маргарет Беринджер она бы не началась. Я благодарю Джо Уолкера, Криса Урситти и Пола МакГинниса за то, что они содействовали моей попытке общения с Товарищем Историей. Арлин Бронзафт, Злата Пейсес, Эстелла Редин и Лилиан Маррисон внимательно перечитали и снабдили комментариями первые пробные рукописи. Я также благодарна моему коллеге Роберту Т. Уиттейкеру и всему коллективу издательского отдела Леман-колледжа: Барбаре Кордилло, Джулио Круз-Алдано, Мишель Форстен, Мери Джерити, Дженет Санчес и Даниэлю Шуа. Мне бы также хотелось выразить свою благодарность производственно-техническому отделу — Ричарду Кемпбеллу, Саулу Молине и Фреди Лиону — за постоянное сотрудничество в этом творческом мероприятии. Я благодарю своего сына Роджера и невестку Гейл за их любовь и поддержку, а также за то, что они вдохновили меня, подарив мне внука — Логана Ивана Томпсона.

Патриция Дж. Томпсон, профессор.
Отделение профессиональных исследований,
Леман-колледж, Городской университет Нью-Йорка,
Бронкс, Нью-Йорк 10468,
14 апреля 1993 г.

ВСТУПЛЕНИЕ

МАЯКОВСКИЙ — СИМВОЛ РЕВОЛЮЦИИ

Фамилия «Маяковский» никогда не была привычной, хорошо знакомой в США в отличие от бывшего СССР. До последнего времени, пока рок, видео и кинозвезды не стали символами сексуальной революции, поэт Маяковский был харизматической личностью большевистской революции. Его стихи, лозунги, пьесы, рисунки и плакаты несли надежду на радикальные социальные изменения при коммунизме после столетий полуфеодального гнета. Преданный коммунистическим идеалам, он никогда не был членом Коммунистической партии, так же как часто христиане не являются прихожанами церкви.

Как многие молодые люди, Маяковский был страстным приверженцем идеала, чего-то большего, чем он сам. Он верил, что новая система может создать новый мир, в котором рабочие будут пользоваться уважением и получать прибыль от своего труда. Это была мечта, неосуществимая мечта, в которой искусство должно было сыграть свою роль в преобразовании мира. Многие верившие и доверявшие этому утопическому идеалу были вынуждены впоследствии осуществлять план, который они не составляли. При Сталине мечта превратилась в кошмар.

Владимир Владимирович Маяковский (1893–1930), младший и единственный сын лесничего, человека небогатого, но благородного происхождения. Две старшие сестры, Ольга и Людмила, любили его до безумия. Он родился в грузинском селении Багдади, позднее названным в его честь в «Маяковский», но переименованным обратно в Багдади во время этнических и политических неурядиц 1990-х годов. Володя с детства любил дикую природу, величественные горы, глубокие ущелья и быстрые реки. Такой природный ландшафт вполне соответствовал его темпераменту.

«Я по рожденью грузин»*, — с гордостью заявлял он и никогда не забывал языка своего детства. После смерти отца от заражения крови (из-за пореза пальца) обедневшая семья Маяковских переехала в Москву, Володе тогда было лишь 13 лет. Его

---

* «Нашему юношеству», VIII, 18.

сестра Людмила Владимировна, талантливый художник по тканям, оставила яркий портрет своих родителей Владимира Константиновича и Александры Алексеевны:

«Отец…высокий, широкоплечий, с черными волосами, зачесанными набок, с черной бородой, загорелым, подвижным, выразительным лицом. Движения быстрые, решительные. Веселый, приветливый, впечатлительный…Служба лесничего опасная, а тем более на Кавказе. Много бессонных ночей проводили мы, ожидая отца из разъездов…Мама худая, хрупкая, болезненная. С хрупкой комплекцией матери так странно не вяжется огромная воля и выдержка…Лицом Володя похож на мать, а сложением, манерами – на отца»*.

Теперь я могу открыто признать этих выдающихся людей своими дедушкой и бабушкой и найти что-то свое в них.

Перспективы поэта и его творчества

Время от времени имя или образ Маяковского будут появляться в неожиданных местах. Его портрет и стихи есть в «Истории русской революции» Ларри Риверса в коллекции музея Хиршхорн в Вашингтоне. Можете представить, как я себя почувствовала, увидев это? Я остановилась как вкопанная, это был шок. Или недавно в биографическом очерке в журнале "Нью-Йоркер" об актере Дениэле Дей-Льюисе говорилось, что Дениэл, играя в Национальном театре в Лондоне роль поэта в постановке Дасти Хьюза «Футуристы» даже побрил голову, как Маяковский (Beck, 1992, с. 46).

Дей-Льюис, игравший поэта, представил его инфантильным великаном, обуреваемым неутолимой страстью к сладостям, папиросам и поцелуям, жаждущим восхваления. Его жизнь была буквально привязана к революции, и он пожертвовал ради нее своим поэтическим чувством. В одном стихотворении он говорит, что «себя смирял, становясь на горло собственной песне»**.

В другом случае один из персонажей романа Мартина Круза Смита «Красная площадь» говорит:

---

* Л.В.Маяковская. Пережитое. М., 1961. С. 188–189.
** «Во весь голос», X, 280–281.

«Люди забывают, что в начале революции действительно существовал идеализм. Если оставить в стороне голод и гражданскую войну, Москва была самым интересным местом в мире. Когда Маяковский говорил, что «площади — наши палитры, улицы — наши кисти»*, он именно это и имел в виду. На каждой стене был рисунок. Поезда, корабли, самолеты, воздушные шары — все было разрисовано. Обои и столовая посуда расписывались художниками, которые верили, что они творили новый мир». (Smith, 1992. С. 78)[2].

Оценивая творчество Маяковского в сопоставлении с американской поэзией, Бабетта Дейч (1963) писала:

«Представление, что поэзия должна быть агрессивно революционной по тону и языку, близкому к вульгарному, во многом обязано своим возникновением Америке. Оно было принято молодыми рифмоплетами, которые стремились стать пролетарскими по сути и по своим симпатиям. Они не могли прочитать эссе Маяковского «Как делать стихи?»[3], перевод которого вышел в неизвестном журнале во время второй мировой войны, но они, вероятно, согласились бы с ним, что первой характеристикой стихотворения является существование социальной проблемы, которая может быть решена только с помощью поэзии, а второй — должно быть желание класса или группы, представляемой поэтом. Маяковский не захотел продолжать выполнять заказы общества. Он застрелился. *Мнимой причиной был неудачный любовный роман. Это мог быть [роман] с Коммунистической партией.* В любом случае политические пристрастия не помешали этому оригинальному и сильному художнику в том же эссе признать, что поэт должен писать стихи только тогда, когда он не может сказать об этом другим образом. Это не помешало ему сказать, что «каждую встречу, каждый знак, каждое событие поэт оценивает только как материал для словесного выражения». (С. 400. Курсив автора).

Возможно, только другой творческий человек способен полностью понять всю сложность этой харизматической личности, чья жизнь и смерть для многих остается предметом постоянного восхищения.

---

* «Приказ по армии искусств», II, 15.

После смерти Маяковского Пастернак размышлял (1931):

«И тогда я … подумал, что этот человек был, собственно, этому гражданству единственным гражданином … И только у этого новизна времен была климатически в крови. Весь он был странен странностями эпохи, наполовину еще неосуществленными. Я стал вспоминать черты его характера, его независимость, во многом совершенно особенную. Все они объяснялись навыком к состояньям, хотя и подразумевающимся нашим временем, но еще не вошедшим в свою злободневную силу. Он с детства был избалован будущим, которое далось ему довольно рано и, видимо, без большого труда»*.

Евгений Евтушенко, поэт, на собственном опыте знающий влияние культурной политики на жизнь художника, писал о Маяковском: «Мертвый он стал «лучшим и талантливейшим…», живой он был бы объявлен врагом народа» (1967, С. 142).

Как в покушении на Кеннеди, так и в официальной версии причин самоубийства 37-летнего Маяковского 14 апреля 1930 года до сих пор вызывают недоумение несовпадения показаний и предположений. Правда, всегда остается надежда, что новая информация — или по крайней мере переоценка и новая интерпретация старой — сможет изменить наше понимание последних мучительных дней жизни и обстоятельств трагической гибели Маяковского. В своей предсмертной записке Маяковский написал: «Инцидент исчерпан». Извините, но я не согласна. До тех пор пока *я* жива, этот инцидент *никогда* не будет исчерпан!

Культурная политика и политическая культура

Потрясающая творческая энергия русского авангарда 1920-х годов питалась коллективным миссионерским чувством. Мастера искусств всех областей создали совершенно новую среду обитания, которая вмещала их революционные идеалы. Именно им предстояло сделать огромное усилие, чтобы принять рождение нового социального порядка. Соединение эстетики авангарда и ранней коммунистической идеологии породило новые пути художественного выражения, стершие границы между жанрами искусства. Маяковский, как никто другой, служит подтвержде-

---

* Б.Л.Пастернак. Собр. соч.: В 5 т. М., 1991. Т. 5. С. 239.

нием этого, у него, как говорится, есть «талант для каждого пальца на руке». С неизменным упорством он следовал своей приверженности новому порядку и мировой революции. К сожалению, сталинская эра разрушила эту революционную эстетику, насильственно заменив ее вскоре после смерти Маяковского социалистическим реализмом. Начало репрессивного климата по отношению к художникам уже чувствовалось, и свобода передвижения и самовыражения Маяковского уже ограничивались. Как разочарован должен был быть Маяковский, когда он ощутил эту пропасть между реальностью и идеей, когда он осознал, что весь его личный вклад и принесенные им жертвы оказались напрасны!

Маяковский имел многогранный талант и природную силу, настолько же неукротимую, как дикие просторы Грузии, где прошло его детство. Он стал буквально рупором новой идеологии, художником, талант которого служил революции. Его стихи, статьи, афиши, плакаты, карикатуры, рисунки, лозунги, сценарии и пьесы, — все выражало его взгляд на это время и пульсировало вместе с его изменчивым ритмом. Он использовал в поэзии подвижность звуков и структуры русского языка, умело приспособив их к собственному видению мира. Маяковский стал кумиром масс, за которые он страстно выступал против установившегося социального ига. Его раннее творчество находилось под влиянием близких отношений с Лилей и Осипом Бриками — menâge a tròis*, как говорится, — двумя людьми, влияние которых, и мы с мамой это чувствовали, не всегда оставалось положительным.

Пронзительный взгляд и магнетическая мужественность Маяковского запечатлены в разных областях культуры. Его мрачный образ в кинопортрете из фильма «Барышня и хулиган» мы встречаем наряду с талантливыми художественными фотографиями его друга Александра Родченко. Этот фильм и фотографии также были показаны на праздновании 100-летия Маяковского в Леман-колледже.

Поэзия Маяковского связывала личную жизнь с великими событиями общественной жизни. По словам одного комментатора, поэзия как «универсальный сенсор» эпохи не могла не отразить новых течений, не могла не учесть того факта, что в XX веке влияние истории в широком смысле слова, основных социаль-

---

* брак втроем (*фр.*).

ных процессов на судьбы отдельных личностей, на частную жизнь людей, неизмеримо возросло. (Ушаков, 1985 г., 1:8)

Насколько личность художника и его восприятие мира были опутаны социальными явлениями, особенно сильно проявилось в судьбе и творчестве Маяковского. Для него личное всегда было политическим, а политическое — личным. Он сам был своим собственным эпическим стихотворением. Чрезвычайно эмоциональный, дерзкий и самоуверенный на публике, но ранимый в частной жизни, — вот каким он предстал в своей поэзии. Ранняя потеря отца, как мне кажется, предопределила его боязнь одиночества, мученичества. Он чувствовал необходимость примкнуть к революционному движению как к чему-то большому и значительному, что могло бы поддержать его ярко выраженную, но хрупкую индивидуальность.

Шокировать, занять противоположную позицию только ради того, чтобы попытаться встряхнуть чопорность и ограниченность самодовольной буржуазии. В этом Маяковский был близок многим молодым талантливым художникам. Пол Мак Гиннис предложил сегодняшним приверженцам рэп-движения принять Маяковского за «образец поведения».

Однако зрелый поэт начинает задумываться о своем творчестве — его значении и направлении. Как отмечает Ушаков (1985), не один раз ему приходилось пересматривать свой творческий опыт, свои взгляды под давлением жизни. Он нашел в себе силы отказаться от многого из того, что раньше привлекало его своим кажущимся революционным духом и новизной. (1:16)

Революция дала Маяковскому новые визуальные и словесные средства выражения в творчестве. Он был Орфеем Революции, чья «лира» звучала для масс и чьи стихи четко фиксировали возникающие социалистические реалии. Профессия поэта — вера в возможность прекрасного будущего не для нескольких, а для многих.

В течение десятилетий советских школьников насильно пичкали полемическими стихами Маяковского — что, как сказал Пастернак, навязывалось пропагандой, как картофель во времена Екатерины Великой. Людей старшего возраста привлекала его лирическая поэзия, а ученые раздумывали над его ролью в создании новой эстетики для нового общества. В 1935 году Сталин объявил, что «Маяковский был и остается лучшим, талантливейшим поэтом нашей советской эпохи». Пастернак назвал это его «второй смертью», за которую он сам *не* нес ответственности.

Помня Маяковского

Множество событий было запланировано по случаю празднования 100-летия Маяковского в Леман-колледже Городского университета Нью-Йорка 30 апреля — 1 мая 1993 года: выступления Евгения Евтушенко и других поэтов, международный академический симпозиум, специальная постановка пьесы «Клоп» с участием переводчика пьесы Ф.Д.Рива; выставка в художественной галерее «Маяковский: миф или человек», в которую вошли фотографии, сделанные Александром Родченко, и два скульптурных бюста Маяковского и Элли Джонс работы Елены Козловой; театрализованное чтение стихов Маяковского, музыкальные пьесы на темы его произведений; мировая премьера «Реквиема Маяковскому» Мэтью Гринбаума; исполнение стихотворения Маяковского, положенного на музыку Леонардом Лерманом; чтение стихов Маяковского на английском, русском, испанском, французском и итальянском языках; чтение стихов поэтов, современников Маяковского, на русском и английском языках; презентация проекта «Маяковский и кино»; а также несколько приемов в честь юбилея поэта. Я думаю, верное название этого события — «культурный цирк», где Товарищ История исполняет роль инспектора манежа. Почему цирк? Потому что Маяковский любил цирк. Он даже хотел читать свои стихи, сидя верхом на лошади на цирковой арене. Что может быть более живым? Более веселым? Более чуждым условностям? Поэтому мне, его дочери, кажется, что такая культурная цирковая программа — была самой подходящей данью памяти моему отцу.

ЧАСТЬ I

КТО ТАКАЯ ЭЛЛИ ДЖОНС?

Несколько писателей правильно определили имя женщины, которую Маяковский полюбил в Америке, как «Элли Джонс». Элли Джонс была моей матерью, и по крайней мере кто-то из писателей отзывался о ней как о «некоронованной жене» Маяковского. Хотя в биографиях поэта и упоминается об Элли Джонс, но детали личной жизни Маяковского на Манхэттене до сих пор не предавались огласке.

Моя мама, Елизавета («Элли») Петровна Зиберт, родилась 13 октября (по новому стилю) 1904 года в поселке Давлеканово нынешней Башкирии, в Уральских горах Восточной России. Она была старшим ребенком в семье, которая была вынуждена бежать из России после большевистской революции. Ее отец, Петр Генри Зиберт, родился на Украине, а мать, Елена Нойфельдт, — в Крыму. Оба были потомками немецких протестантов-меннонитов, миротворческой протестантской секты, оказавшейся в России в конце XVIII века по приглашению Екатерины Великой. Гарантия свободы вероисповедания позволяла поселенцам-меннонитам уклоняться от службы в российской армии. Немецкие протестанты-меннониты представляют отдельную субкультуру в многокультурной России. Их стиль жизни характеризовался нарочитой простотой и стремлением следовать христианским идеалам в быту. Они высоко ценили самодостаточность и независимость, строили свои собственные церкви, школы и больницы. Образование и церковная служба были отличительными чертами воспитания меннонитов. Колонии меннонитов в России процветали.

Хорошо обеспеченная семья Зибертов жила просто. Хотя Элли никогда не слышала слов «Мы не можем себе этого позволить», ей часто говорили: «Нужно ли это?», «Как это повлияет на твое взросление?». Ее отец однажды сказал, что их семейный бюджет составлял 12000 рублей в год — огромные деньги по тем временам. Российская революция 1917 года перевернула надежный мир семьи Зибертов с ног на голову.

Ко времени революции Петр Генри Зиберт имел обширные земельные владения и деловые связи как в России, так и за ее пределами. Он совершил путешествия с семьей в Японию и Калифорнию. Семейная легенда гласит, что однажды он одолжил царю миллион рублей, возврата которого он не ожидал. Обычно, чтобы выразить свою признательность, цари даровали титулы, но это было неприемлемо для общины меннонитов. Этим можно объяснить, почему один журналист в Атланте (штат Джорджия) в 1924 года назвал Элли Джонс «русской княгиней» (Atlanta Journal. 3 февраля 1924. С. 11). Зиберты были богатой, много путешествовавшей и глубоко двукультурной семьей — русские по национальности и немецкоговорящие в домашнем кругу. Необходимо понимать, что если бы не лояльность дедушкиных татар-надсмотрщиков и рабочих, им бы не пережить худших проявлений революции — массовых поджогов.

Элли Зиберт была «деревенской девушкой», жившей в отцовском и дедовом поместьях. Она была стройной, худой и хорошо сложенной, с густыми каштановыми волосами и огромными выразительными голубыми глазами. У нее был высокий лоб, прямой нос и волевой подбородок. Красивый изгиб ее губ мог выражать чувства без слов. Из-за худобы она казалась выше ростом, чем была на самом деле. Но ее главными достоинствами были ум, твердый характер, смелость и обаяние. В России она получила образование в меннонитской школе и у частных учителей. Кроме русского она знала немецкий, английский и французский.

Во время послереволюционных беспорядков Элли уехала из Давлеканова в Самару, где в начале 1920-х гг. она работала в приюте для бездомных детей. В стране свирепствовал тиф; Элли должна была переступать через тела умерших и умирающих жертв болезни, чтобы попасть к себе домой. Она также работала переводчиком в районе Уфы в Американском отделе помощи, которым тогда управлял полковник Уолтер Линкольн Белл, на всю жизнь ставший близким другом семьи. Позднее Элли переехала в Москву для продолжения работы в этой организации, которая являлась частью гуманитарного проекта первого американского президента-квакера Герберта Г. Гувера. Там Элли познакомилась и вышла замуж за Джорджа И. Джонса, уроженца Лондона, работавшего с 23 мая 1923 года в отделе помощи бухгалтером.

На пресс-конференции в музее Маяковского меня спросили об имени «Мария Зиберт», найденном в одной из записных книжек Маяковского. Я пришла к выводу, что это мамина двоюродная сестра и одноклассница. Она была маминой лучшей подругой в семье. Я могу только предположить, что Маяковский записал ее имя на случай, если потребуется связаться с кем-нибудь из наших родственников. Дата этой записи, которой я не знаю, тоже была бы важна. Записал ли он это имя в Нью-Йорке в 1925 году или в Ницце в 1928 году?

Элли и Джордж Джонс переехали из Лондона в Нью-Йорк. Хотя их брак вряд ли можно было назвать счастливым, именно Джордж Джонс поставил свое имя на моем свидетельстве о рождении, чтобы «узаконить» меня. Он стал «папой», который всегда давал мне почувствовать себя любимой.

Элли и Володя: такие похожие — такие разные!

По происхождению мои родители стояли на противоположных концах социальной лестницы дореволюционной России. Экономическое и социальное положение их семей значительно отличались друг от друга. Их политические взгляды были прямо противоположными. Элли была из семьи землевладельцев с хорошими деловыми связями, а Маяковский был «обедневшим дворянином» без земли и без дома. После смерти мужа мать Маяковского с огромным трудом добилась двенадцатирублевой пенсии для себя и своей семьи. Однако Элли и Володя были похожи в своем стремлении использовать свои таланты — какими бы они ни были — на благо всему обществу. Их взгляды на социальное благо и на то, как лучше всего его достигнуть, во многом различались.

27 июля 1925 года, почти сразу после своего 32-летия, Маяковский ступил на американскую землю в первый и последний раз в жизни*. Он был в самом расцвете сил — как поэт и как мужчина, словно живое воплощение поговорки: «высокий, темноволосый и красивый». Возможно даже, он ее и изобрел. Через месяц этот великан-гений встретил Елизавету Петровну — Элли Джонс — красивую русскую эмигрантку 20-ти лет, жившую отдельно от своего мужа-англичанина. Несмотря на разрыв, Элли

_____
* Речь идет о пересечении границы США, в Мексике Маяковский находился с 8 июля 1925 г.

и Джордж остались друзьями. Впечатления Маяковского от Америки отразились в его рисунках, прозе и стихах. Он уехал 28 октября 1925 года, чтобы уже никогда не вернуться. Лишь два коротких месяца Маяковский с Элли Джонс были вместе.

Тексты никогда не раскрывают всей правды

В 1973 году американский биограф Маяковского Эдвард Браун, профессор русской литературы Стэнфордского университета, писал:

«Мы можем предположить, что в течение этого периода (с конца лета и осенью 1925 года в Нью-Йорке) Маяковский участвовал в такого рода деятельности, которую он и его друзья не хотели афишировать, и, конечно, он имел право на частную жизнь хотя бы в какой-то момент *своей* жизни. Возможно, следует исполнить предсмертный наказ Маяковского «не сплетничать об умершем»*, но слухи о некоторых приключениях во время его пребывания в Америке так распространены и многими считаются правдивыми (в Москве и других местах), что и мы должны коснуться их, по крайней мере, вскользь. История, поддержанная Лилей Брик, которая заявила, что видела ее письменное подтверждение, повествует о том, что Маяковский имел сексуальные отношения с молодой женщиной и она родила ему ребенка. Ни в одном из советских печатных источников о Маяковском нет и намека на эти отношения. (Возможным исключением является Кемрад, который упоминает имя женщины с некоторым таинственным намеком, и не один раз — *Прим. автора.*) Но все специалисты по творчеству Маяковского слышали об этом и вроде бы верят этому. Более того, они заявляют, что знают имя той женщины и многие живо интересуются судьбами и матери, и дочери. Но может быть, обе женщины заслуживают уважения к своему желанию оставаться неизвестными и про себя гордиться тем, что одна является матерью ребенка Маяковского, а другая — тем, что она и есть тот самый ребенок, — если эта история правдива. (Brown. 1973. С. 290. *Курсив автора*).

---

* В письме «Всем» говорилось: «В том, что умираю, не вините никого и, пожалуйста, не сплетничайте. Покойник этого ужасно не любил» (ХIII, 138).

Эта история *действительно* правдива. Но этот отрывок вызывает у меня смутные чувства: *такого рода деятельности ...некоторые приключения ...сексуальные отношения?* Эти слова превращают страстную и трагическую любовь в вульгарную связь. Биограф-мужчина предполагает, что Маяковский «имеет право на частную жизнь» в *его* жизни. А *она* имеет право на частную жизнь? Почему *они* не имеют такого права? Потому что, если бы Маяковский раскрыл подробности своих отношений с Элли Джонс (или, если на то пошло, с кем-то другим), он бы стал предателем, и тогда бы частная жизнь Элли и их ребенка была бы разрушена навсегда. Маяковский так никогда и не рассказал ничего Лиле Брик, и это говорит о том, что в его жизни было нечто личное и «политически некорректное».

Сам Маяковский считал, что работал в это время очень продуктивно; он чрезвычайно гордился стихами, написанными в Америке. В период с 6 августа по 20 сентября появились десять стихотворений, включая «Бруклинский мост», «Бродвей» и «Кемп "Нит гедайге"». К сожалению, Браун не хочет замечать никакой связи между большим чувством, которое испытывал Маяковский, и расцветом его поэтического гения во время пребывания на Манхэттене. Все, кто знали Маяковского (смотри главу Кемрада, часть VI этого издания), знали его как человека глубоко преданного, романтика — ни в коем случае не вульгарного — в его отношениях с женщинами.

Как объясняла моя мама:

«Он был чрезвычайно осторожен, чтобы не скомпрометировать меня. Он находился в очень опасном положении, и я, конечно, тоже, так как я жила в Америке по гостевой визе. Я была замужем. Мы с мужем уже разошлись. Я была очень молодой — моложе двадцати одного года. Разве не вынуждены мы были скрывать наши отношения? Мы всегда использовали официальную форму обращения. Ни он, ни Бурлюк никогда не называли меня иначе, как Елизаветой Петровной, в знак уважения. На людях он целовал мне руку. При американцах он называл меня только «Миссис Джонс». В то время это было очень важно. Теперь к таким вещам относятся намного проще. Что касалось меня, то публичное открытие наших отношений стало бы для меня катастрофой. Человек, за которым я была замужем, мог сделать так, что я никогда не получила бы американской визы. Когда мы с ним

26

ссорились, он часто угрожал выслать меня из страны, так что я полностью зависела от него в этом плане ... В те времена женщина, одна, не могла получить американскую визу».

Таким образом, Элли Джонс была подвергнута серьезному «эмоциональному шантажу» со стороны мужа, который пытался ее контролировать. Но по поводу нас Браун был прав. Мы гордились случившимся и именно по этим причинам. Однако выясняется, что Лиля Брик видела не только письменное подтверждение нашего существования. Она видела еще и фотографии. Маяковский хранил их в своей комнате. Две из них опубликованы в интервью в советском журнале «Эхо планеты» (Бабич, 1990)[1].

Интервью, напечатанное в «Эхо планеты», также содержало некоторую не публиковавшуюся раньше информацию. Запись беседы с Натальей Брюханенко* была помечена запиской предыдущего директора музея Маяковского «Не выдавать» и датирована 29 июня 1939 года. Там говорилось:

«Через несколько дней после смерти Владимира мы с Лилей поехали на Таганку. Там Лиля, просматривая бумаги Маяковского, уничтожила фотографию маленькой девочки, дочери Маяковского ... Вероятно, она уничтожила много вещей после смерти Владимира. *Но это было ее право, и мы не должны осуждать ее теперь, потому, как Бог знает что она еще могла сделать.* Пройдут годы, и единственным достоверным документом будут ее воспоминания, так как она продолжала играть очень важную роль даже после его смерти. Так сложно разобраться сейчас в этом хаосе разных взглядов и мнений о Маяковском, но потом людям еще сложнее будет это сделать» (*Курсив мой*).

Но когда же Лиля впервые увидела фотографии и письма? До или после смерти Маяковского? Почему они оказались в ее руках, а не в руках моей бабушки и теток? Как эти материалы всплыли вдруг, так неожиданно, после полсотни лет хранения их в тайне от меня? Возможно ли, что московские ученые уже

---

* Брюханенко Наталия Александровна (1905–1984) — выпускница филологического факультета, работала редактором в Госиздате, где и познакомилась с Маяковским (см. ее воспоминания «Пережитое» в кн.: «Имя этой теме: любовь!» Современницы о Маяковском. М., 1993).

давно имели к ним доступ и просто не позаботились о том, чтобы поделиться ими с американским ученым? Я показала Эдварду Брауну свою фотографию в соломенной шляпе на балконе в Ницце и спросила, видел ли он когда-нибудь такую фотографию в архивах Маяковского в Москве. Он сказал: «Нет». Но оказывается она была. Где же она пропадала все эти годы?

Разобраться во всем казалось мне еще более важно из-за того, что далеко не правдивые истории о моем отце и матери продолжали появляться (а теперь и обо мне и моем сыне[2]). В 1992 году в нью-йоркском журнале «Ярмарка тщеславия» в статье о жизни и любви Татьяны Либерман (в девичестве Яковлевой)* появилось такое заявление:

«[У Маяковского] была незаконнорожденная дочь от русско-американской женщины, которую он лишь навестил на юге Франции, но Татьяна была той, которую он любил» (Buck. 1992a. C. 226).

Как можно было опубликовать настолько бесчувственное и необоснованное суждение — особенно в журнале, который издавал муж героини статьи, Александр Либерман? Дочь Татьяны Либерман, писательница Франсин дю Плесси-Грей, знала, кем я была и чем я могла подтвердить свою личность и статус. Поэт не просто «лишь навестил» нас. Вскоре после его визита он написал письмо Элли Джонс, умоляя снова принять его, и он посылал свою любовь «двум Элли» в письме, датированном 26 октября 1928 года, которое было опубликовано в журнале «Эхо планеты». Об этих сложных обстоятельствах я еще напишу в будущей книге, касающейся короткого пребывания Маяковского в Ницце.

После встречи с Эдвардом Брауном (кажется, осенью 1986 года) меня заинтересовала возможность того, что Франсин дю Плесси-Грей и я могли бы оказаться сестрами. Мне показалось, что в разговоре со мной Браун намекал на это. Я почти надеялась, что он прав. Мне не хотелось причинять Франсин, и ко-

---

* Яковлева Татьяна Алексеевна (1906–1991) — племянница художника А.Е.Яковлева, жила в 1920–30-е годы в Париже, там познакомилась с Маяковским 25 октября 1928 года. Ей адресовано стихотворение «Письмо Татьяне Яковлевой». В декабре 1929 года вышла замуж за виконта дю Плесси и в сентябре 1930 года родила дочь — Франсин (сейчас — журналистка дю Плесси-Грей). В 1940 году стала женой художника А.Либермана и переехала в США.

нечно же ее матери, боль или как-либо смущать их. Но, наконец, мне удалось спросить ее об этом 3 декабря 1989 года в Барнард-колледже, который мы обе заканчивали с разницей в четыре года. В ответ на мой прямой вопрос, не сестры ли мы, Франсин заявила: ее мать говорила ей, что это «невозможно». Я довольна, что являюсь единственным ребенком Маяковского. Конечно, я всего лишь единственный известный ему и признанный им ребенок.

17 марта 1992 года, в день, который, насколько мне известно, по русскому церковному календарю считается днем моего ангела, журналистка Надин Брозан написала в «Нью-Йорк Таймс» о моей реакции на упоминание «незаконнорожденной дочери» в журнале «Ярмарка тщеславия». В своей статье она приводила мои слова:

> «Я являюсь его родной, или биологической, дочерью. Еще я — феминистка, и мы пытаемся избавиться от такого рода уничижительных, патриархальных терминов» (Brozan, 1992, С. B-20).

Почти за двадцать лет до этого мисс Брозан написала блистательную статью о группе моих студентов в Леман-колледже, занимавшихся наукой о домашнем хозяйстве и получивших грант от Фонда национальной науки на изучение энергетического кризиса. Теперь она стала первым американским журналистом, которому я рассказала о своих личных переживаниях. В «Таймс» были также две фотографии размером с почтовую марку: рядом с идеально причесанной и улыбающейся Нэнси Рейган был Маяковский, в кепке, с сигаретой, свисающей из его грубого (но сексуального) рта, с обычным сердитым взглядом. Это было своего рода торжество поэтической справедливости!

Мое письмо в «Ярмарку тщеславия» опубликовали в мае под заголовком «В долгу перед Маяковским»:

> «Я не «незаконнорожденная дочь» Маяковского ... Я его биологическая дочь с его двадцатью тремя генами. Моя мать *не* была русской американкой, когда встретила моего отца, она была русской, путешествовавшей по паспорту ее британского мужа, который, зная, что я не его плоть и кровь, все же поступил благородно. Его имя записано в моем свидетельстве о рождении. Я родилась в результате страстной любви, ко-

торую поэт испытал во время своего пребывания на Манхэттене в 1925 году. Эти отношения с самого начала были обречены обстоятельствами, неподвластными моим родителям. Любовь Маяковского к Элли Джонс, моей матери, прекратила его интимные отношения с Лилей Брик. Мое имя и адрес были хорошо известны в России с того момента, как в марте 1990 года в журнале «Эхо планеты» появилась статья, подтверждающая мою личность[3]. Летом 1991 года я и мой сын Роджер Шерман Томпсон, нью-йоркский адвокат, приехали в Москву, где нас радушно приняли не только члены семьи Маяковского, но и его друзья и поклонники» (С. 32).

Редактор «Vanity Fair" позвонил мне для подтверждения моего письма. Я попросила включить в него специальность моего сына — интеллектуальная собственность. Учитывая то, что у Маяковского были очень сложные отношения с издателями и авторскими правами, это было делом семейной чести. Эта ссылка была вычеркнута из моего письма, так же как моя мама и я были вычеркнуты из жизни моего отца!

О «сущности любви»

А пока позвольте мне сказать пару слов о «сущности любви»*. Вряд ли любовь можно отнести к явлениям из разряда «все или ничего». Известно, что люди могут любить сразу нескольких человек по-разному, любить одного и того же человека в разное время по-разному, любить разных людей в разное время и по разным причинам. Разве чувства, которые испытывает мужчина по отношению к своему ребенку и к матери своего ребенка, не являются особенным видом любви? Разве не бывает человеческая любовь иногда романтичной, иногда страстной, иногда сыновней или супружеской, иногда, наконец, материнской или отцовской? Разве не должны мы хранить все эти виды любви в одном сердце во время одной жизни? В этом поэты совсем не похожи на издателей или сапожников.

На ум приходит предостережение, характерное для изучения древней истории и археологии: отсутствие свидетельств не является свидетельством отсутствия. Я как исследователь-феминист привыкла всматриваться в невидимую сторону истории — в те глубоко личные, скрытые отношения, хранимые в сердцах

---

* «Письмо товарищу Кострову из Парижа о сущности любви», IX, 381.

мужчин и женщин, которые могут никогда и не отразиться в текстах. Однако они остаются в памяти тех, кто их пережил, и могут, если станут наконец известны, изменить взгляд других на определенные события и на людей, в них задействованных. Наиболее важно то, что на примере своей матери я поняла, что женщины не являются лишь пассивными объектами мужского желания. У них есть свой ум и своя воля; они могут сами ценить себя и сами действовать вне зависимости от патриархальной структуры общества и структуры текста. Их молчание на самом деле является частью истории.

О чем же знала Лиля Брик?

Энн и Сэмюэль Чартерс (1979), биографы Лили Брик («официальной» любовницы Маяковского) писали:

> «Лиля думала, что в Америке женщина родила Маяковскому ребенка и позже привезла этого ребенка, дочь, названную Элли, во Францию для встречи с ним. По прошествии лет детали этой истории перепутались, было множество версий, но если серьезные отношения с этой женщиной и существовали, то он никогда не упоминал о них впоследствии». (С. 270)

Другим неопубликованным ранее документом, включенным в статью в «Эхо планеты», явилась запись беседы с Лилей Брик 22 декабря 1955 года. Вот что она говорила об Элли Джонс:

> «Она не эмигрантка. Либо она жила в Америке с раннего детства, либо она вообще никогда не жила в России. Я однажды попросила нашего посла Уманского навести о ней справки, используя адрес, который я нашла в Володиной записной книжке. Но ему не удалось ее найти. У меня есть фотография его дочери, еще совсем маленькой, и два письма от Элли. Когда они встретились в Ницце, девочке сказали, что это ее отец, и она сказала: «О, папа приехал». Я попросила Бурлюка, который хорошо знал Элли, оказать мне услугу и выяснить все о ней и о дочери Маяковского. Она была очень милой женщиной».

Очевидно, что Маяковский ей ничего не сказал, так как все приведенные ею «факты» неправильные. Предположение Брик, что загадочной женщиной, приезжавшей в Москву в 1950-60-е годы, была Элли Джонс, необоснованно. Маме так и не удалось вернуться в Россию. Более того, Лиля Брик была последним человеком, с которым она попыталась бы связаться!

Судя по рукописи Кемрада (часть VI), по крайней мере в одной записанной беседе Маяковский открыл свои чувства по отношению к своей «dotchka» — в беседе с Соней Шамардиной*. Причины его молчания по этому поводу должны быть изучены и поняты.

История Элли

Несмотря на то что любовь моей матери к Маяковскому радикально изменила весь ход ее дальнейшей жизни, она никогда не считала, что развитие событий всегда напрямую зависело от ее отношений с мужчинами. Наоборот, ее жизнь формировалась идеями и службой, особенно ее попыткой передать будучи учительницей американским студентам понимание лучшего из русской и немецкой культур. Она настаивала на том, что мы всегда должны отделять политику от людей.

Мама презирала тех (а таких было немало), кто пытался использовать их связь с Маяковским в своих личных интересах. Определенные биографы, критики, компиляторы, а также некоторые бывшие любовницы, сами ничего не давшие обществу, просто использовали творчество Маяковского, его славу и репутацию в своих собственных целях. Это особенно подозрительно, потому что они на самом деле не понимали Маяковского, а безапелляционно принимали привычный официальный миф о внутренней жизни гения. Многие женщины, однако, писали о Маяковском с огромным чувством и проницательностью. Мама перевела мне длинное эссе Лавинской, считая его лучшей и наиболее правдивой работой о смерти Маяковского, написанной не членом его семьи**.

Это эссе отвечало желанию моей матери, Элли Джонс (Елизаветы Петровны Зиберт Джонс Питерс), осветить ее роль в этот

---

* Шамардина Софья Сергеевна (1894–1980) — училась на Бестужевских курсах в Санкт-Петербурге, в 1913 году познакомилась с Маяковским. В трагедии «Владимир Маяковский» упоминается «Сонечка-сестра», как называл ее поэт. После революции вышла замуж за И.Адамовича. Подробнее, в гл. VI, а также: в кн.: «Имя этой теме:любовь!» Современницы о Маяковском. М., 1993.

** Е.А.Лавинская. Воспоминания о встречах с Маяковским // Маяковский в воспоминаниях родных и друзей. М., 1968.

период жизни Маяковского. Размышляя над этими событиями, она говорила:

«Жаль. Такой живой — такой дорогой! Когда я его знала, ему было 32. Мне — 20. Мы оба были молоды … по-разному. Мои воспоминания и ощущения очень разные. Лиля Брик никогда не могла бы «плохо выглядеть». Я никогда не была лично знакома с Бриками. Насколько я могу судить, Брики сделали на Маяковском карьеру. Не говоря уже о наших личных с ним отношениях, сколько жестокого о нем говорили. Бурлюк говорил, что по сути своей Маяковский был добрым, чувствительным человеком, так оно и было на самом деле. Конечно, на публике, а значит на сцене, он был искусным спорщиком, быстро отзывающимся на любой вызов, очень остроумным и резким. Если его пытались травить, он, конечно, мог переиграть кого угодно, когда был в форме. Когда он был уставшим и больным, он не мог этого выносить».

За три года до смерти матери в марте 1985 года, мы начали ревизию коробок с материалами и книгами, которые она собирала многие годы. Я спросила:

— Зачем мы все это делаем? Какова твоя цель?

— Просто рассказать *тебе*, что случилось. Это больше никого не касается.

— Ты не думаешь, что это «касается» ученых?

— Они могут это прочитать, если захотят. Остальное меня не волнует.

— Но ты до сих пор хочешь рассказать всю правду?

— Да.

Она продолжала:

«Вот что между нами произошло. В последние годы его обвиняли в неискренности к революции и коммунизму. Они называли его «попутчиком». Я никогда не была коммунисткой и не разделяла его политических взглядов. Но что я уверенно могу сказать, это то, что он всей душой и сердцем верил, что это был ответ на все социальные проблемы, что это принесет новый мир, который для всех будет лучше. Он весь свой талант посвятил этому идеалу. А он так упорно работал над своим талантом!».

Во время пребывания на Манхэттене творческий успех поэта был огромным. Их чувства друг к другу оставались частным, личным делом. Строго личным. После его отъезда ничего не изменилось. Она говорила: «Люди, может, и знают о каком-то его романе, но *моих* чувств они не знают». (Я могу добавить, что и *его* чувств они тоже не знают.) Она говорила:

«Наши отношения были такими неожиданными и незапланированными. Мы знали, что это могло продолжаться только короткий промежуток времени. Мы были как во временной капсуле. Время закончится, закончатся и отношения. Я всегда избегала разговоров о его личной жизни. Я никогда, никогда не трогала бумаги на его столе и даже не смотрела на них. Я всегда настаивала на том, что для меня он просто человек, а не знаменитый поэт Маяковский. Кстати, я совсем не хотела с ним знакомиться, ведь художник всегда отдает все свое лучшее публике. Зачем знать его лично?»

Но, конечно, она узнала его лично.

«Как, — спросила я маму, — ты можешь так четко помнить события, происходившие полвека назад?»

Она ответила:

«Это было самое главное в моей жизни».

ЧАСТЬ II

Я — САМА!

Следуя системе ценностей моей матери, прежде чем рассказать всем, что я являюсь дочерью великого поэта, я должна была выбрать свой путь, под своим именем, вне длинной тени своего отца. Я уже имела прочную репутацию в области социологии домашнего хозяйства, когда решилась наконец выйти из чулана Товарища Истории и объявить себя давно потерянной «дочкой» Маяковского. Принимая это решение, я уже была профессором на постоянной должности в Леман-колледже Городского университета Нью-Йорка. Мне удалось опубликовать и распространить свои собственные идеи, и для меня не существовало никакой материальной выгоды в этом признании. Однако, выбрав путь полноправного члена гильдии ученых, я чувствую себя обязанной перед своими родителями сделать все, что в моих силах, для восстановления истории их отношений, пока ее не исказили еще больше. Я обязана поделиться сведениями о до сих пор скрываемой части жизни моего отца, о которой было известно только двум ее непосредственным участникам: Маяковскому и Элли Джонс[1].

Парад имен

Большинство дочерей дебютируют в обществе раньше — лет в шестнадцать. Я опоздала на полстолетья. Позвольте представиться!

При рождении меня назвали Еленой. Мое отчество должно было быть Владимировна, что и означает по-русски «дочь Владимира». Елена Владимировна — также известная, как сказали бы юристы, вроде моего сына Роджера или невестки Гейл, — как Элен-Патриция Джонс Томпсон или Патриция Дж. Томпсон. Как случился этот парад имен?

Я не могла носить имя своего отца по уже, вероятно, понятным причинам. Мое русское имя говорит само за себя. Елена — Helen — было имя моей бабушки по материнской линии и также имя моей русской крестной, княгини Елены Святополк-Мирской, которую я знала как «тетю Лену». Моя тетя Лена бы-

35

ла женщиной зеленоглазой, смуглой, с полными губами, в родстве с Ганнибалом, эфиопом, привезенным к русскому царскому двору, чьим наиболее известным потомком был великий русский поэт Александр Пушкин. Патриция — имя моей ирландской крестной. Это та самая «Пэт», о которой Элли упоминает в своем письме Маяковскому от 20 июля 1926 г. (Proffer. 1987. С. 86)

Патриция Ливенгуд была моделью, танцовщицей, мечтавшей стать актрисой. Ее образ «святой» среди «грешников» был хорошо передан художником О'Брайеном в его шокирующем рисунке в газете «Нью-Йорк Таймс» (7 апреля 1928. С. 6). Пэт, со всеми ее недостатками, была маминой ближайшей подругой и оставалась с ней рядом, когда я родилась, с помощью повивальной бабки, в Джексон Хайтс, в Нью-Йорке, 15 июня 1926 года.

Я бы могла быть Маяковской до замужества, если бы Товарищ История не встала на моем пути. Мама звала меня «Элли». Маяковский тоже. На самом деле, он называл нас своими «двумя Элли». Естественно, я была «маленькой Элли». Мама была «большой Элли». Со временем пропорции изменились, будучи высокой, как он, я уже в детстве была выше мамы.

Позже, как и многие тинейджеры, я решила создать свою личность, взяв имя, которое мне больше нравилось. Когда мне было около пятнадцати, поступая в художественную школу, я взяла дело в свои руки. Я поставила дефис между Элен и Патриция в своем свидетельстве о рождении, так что мое имя стало «Элен-Патриция». Я сама впечатала дефис в оригинал свидетельства. Возможно, это был первый признак феминизма женщины, которая видит себя действующей силой своей жизни. Таково было отношение, привитое мне моей матерью. Это символизировало тот факт, что я хотела бы сама контролировать, кем и чем мне становиться. Как и мой отец, я хотела создать свою собственную личность. Это было довольно радикальным шагом для молодой девушки в 1940-х годах, даже если никто больше этого и не заметил. Маяковский любил свою желтую кофту. Его дочь носила ярко-зеленые шелковые чулки, потому что в те времена сленговым названием ног было «стебли».

Когда я поступила в среднюю школу музыки и искусства для изучения рисования, я попросила учителей и одноклассников называть меня «Пэт». И я стала «Пэт Джонс». Таким было мое имя до июня 1948 года, когда я закончила Барнард-колледж. Те немногие, кто остались из маминой семьи, до сих пор зовут меня «Элли», но для большинства я известна как «Пэт». Такая обычная фамилия, как «Джонс», предоставляет наиболее возможную в Америке анонимность. Это как отсутствие фамилии вообще. Человека с такой фамилией найти намного труднее, чем с очень редкой, например, Маяковский.

После окончания колледжа я некоторое время работала редактором крупно-тиражных журналов. Я занималась рецензиями на фильмы, музыку и телевидение. Я редактировала ковбойские, романтические и детективные романы, а также научную фантастику — подходящее занятие для дочери футуриста. Я сама писала рассказы на разные темы. Я подписывалась «Пэт Джонс», коротким, легко запоминающимся именем, резко отличающимся от непроизносимого для косноязычных американцев — Елена Маяковская.

Имя «Джонс» помогло сделать нас незаметными, к чему стремилась моя мать после смерти Маяковского и своего последующего замужества за Генрихом (Генри) Питерсом. Для мамы было важно, чтобы мы оставались вне водоворота вокруг Маяковского, избегали сплетен и возможного вреда. Мама была убеждена, что это необходимо для нашей безопасности. Если бы она поступила иначе, я возможно не дожила бы до празднования 100-летия со дня рождения моего отца.

Мое замужество за Олином Уейном Томпсоном в мае 1954 года дало мне еще одну американскую фамилию и доступ к неплохим американским революционным генам, которые вместе с русскими революционными генами я передала впоследствии своему сыну. Мой муж был против того, чтобы дать нашему ребенку славянское имя (Святослав), поэтому его назвали «Роджер Шерман» в честь предка по отцовской линии из Коннектикута, который был одним из людей, подписавших Декларацию Независимости и Конституцию. После моего развода (по прошествии более двадцати лет семейной жизни), второй муж моей матери удочерил меня в ланкастерском суде, в Пенсильвании. Мне тогда было 50 лет.

Мой приемный отец, у которого не было своих детей, пошел на это, чтобы удостоверить, что я буду его наследницей. Мое имя было официально изменено, с моего согласия, на Патрицию Дж. Томпсон, имя, которое я и использую сегодня в своей личной и профессиональной жизни. Я выбросила «Элен». Сохранила средний инициал «Дж». Как ученый я надеялась сохранить связь с «Джонс», чтобы будущие исследователи, которые, возможно, установили бы, кто была Элли Джонс, нашли бы и мою связь с Маяковским. Только благодаря моей матери и приемному отцу я смогла через несколько десятков лет после смерти Маяковского полететь в Москву с моим сыном и некоторыми друзьями на поиски своих корней. Теперь в Америке я «Пэт», но русские, армяне, грузины и многие другие, кто до сих пор любит Маяковского и чтит его память, зовут меня «Елена Владимировна».

Мои приемные отцы, Джордж Джонс и Генри Питерс, всегда относились ко мне очень хорошо. Однако я не могу не грустить из-за потери отца, который мог бы стать моим руководителем в работе и жизни. Знают ли отцы, как сильно они влияют на жизни своих дочерей? Мужчины должны знать, что через своих дочерей они живут так же, как и через сыновей. Этот факт, возможно, помог мне создать феминистическую теорию, не исключающую огромную роль семьи. Естественно, неизвестные мне моя бабушка и сестры отца во многом повлияли на жизнь самого отца. Они бы были важны и для меня. В конце концов, они были первыми женщинами, которые любили его. Я подозреваю, что они, так же как и моя мать, никогда не могли разлюбить, полюбив однажды.

Я — *русская* американка!

То, что я родилась русской американкой, имело и положительное, и отрицательное влияние на мою жизнь. Да и сейчас я разрываюсь между Россией и Грузией, мне нравится Армения и армяне, мечтаю увидеть родину моей матери в Башкортастане и родину родителей мамы на Украине и в Крыму. Прибавьте к этому, что семья моей матери — Зиберты и Нойфельдты — были родом из Германии: я могла бы оказаться посреди постоянного перетягивания этнического каната!

Американцы привыкли жить, имея разнообразные этнические корни. Я надеюсь, что и другие могут этому научиться. Моя русская кровь (всегда бывшая частью моего самосознания) скрыта под английской фамилией. Таким образом, как говорил Маяковский: «Три разных истока во мне речевых...»* В моем сердце живет любовь моих русских и немецких предков. Я рассматривала влияние этого факта на меня и мою работу в своей

---

* Нашему юношеству, VIII, 18.

последней книге, в главе «Правдивый свидетель: признания гестианской феминистки». Там я писала:

> «Мой русский (биологический) отец дал мне половину моего генетического наследства, что, как мне кажется, создало творческий ум, любовь к языку и «радикальный» дух…Мой британский отец… дал мне законность. Мой немецкий (приемный) отец дал мне уважение к тяжелому труду, который сопутствует выращиванию кормов на ферме в Пенсильвании». (Thompson. 1992. С. 22)

Я не могу не задумываться над тем, насколько проще было бы мне печататься под фамилией Маяковского, если бы я выбрала карьеру в «мире слов» или «русистики». Я выбрала другие жанры. Я не хотела бы, чтобы меня сравнивали с кем-нибудь из моих родителей. Я не могла стать поэтом, драматургом, художником-графиком или просто художником, потому что меня бы сравнивали с моим отцом. Я не могла стать переводчиком, лингвистом или преподавателем языка, как моя мать. Если бы я выбрала одну из этих областей, я не была бы свободной — как я хотела быть — на своем пути к «славе и богатству». Возможно, это и не слава, но я сделала себе имя как теоретик гестианского феминизма и автор учебников для школ и колледжей, теоретических книг и статей в выбранной мной дисциплине социологии домашнего хозяйства. Не случайно было и то, что меня привлекла область науки, в которой ценится женщина и женский труд, в ней семья во всех своих проявлениях становится центром изучения и включает потребности «ежедневной жизни» — то, что русские называют «быт», — в вопросы своего исследования.

ЧАСТЬ III

В РОССИЮ С ЛЮБОВЬЮ

Насколько сегодня короче путь из Манхэттена в Москву по сравнению с 1925-м годом! После смерти матери в 1985 году и моего отчима Генри Питерса в 1986 году я решила встретиться с Товарищем Историей лицом к лицу. Накануне 98-летия Маяковского в июле 1991 года я впервые приехала в Москву, что стало возможным благодаря новым отношениям между СССР и США. Это был частный визит. Я приехала не как турист, а как дочь русских родителей. Мой приезд завершил долгий период разлуки между Матерью-Россией и одной из ее потерянных дочерей. У меня было такое ощущение, что я вернулась из ссылки.

Мы с мамой жили на другом краю земли. Только после ее смерти и окончания «холодной» войны я получила возможность вернуться в Россию, чтобы найти утерянные кусочки моей жизни — кусочки, связанные с моим отцом. Разве могла я работать с мамиными пленками и рукописями в культурном вакууме? Ее больше не было рядом, чтобы ответить на мои вопросы. Не на все ее вопросы нашлись ответы. Некоторые из них можно было найти только в Москве.

Кто-то сказал, что Москва — это город, наполненный слухами. Если так, то это объясняет последнюю, но не выполненную, волю Маяковского не сплетничать о его смерти. После его самоубийства появились книги о нем, статьи, обзоры, музейные выставки, постановки, переводы его работ, — все это только разрослось, подпитываемое «мифом» о Маяковском, мифом, который перерос самого человека. На самом деле этот миф заменил человека, и в нем странным образом нет моей мамы и меня. Однако для многих наше существование было неоспоримым фактом.

Выход на публику с личным делом

Многие просили меня рассказать об обстоятельствах, способствовавших моему решению выйти из чулана Товарища Истории. Вот как это случилось.

Поздней осенью 1989 года я заметила в «Нью-Йорк Таймс» обзор выставки фотографий Александра Родченко в художественной галерее Уолкера, Урситти и Мак Гинниса в Нью-Йорке. Это трио молодых, полных энтузиазма владельцев галереи выставило четыре потрясающих портрета моего отца, один из которых почти в человеческий рост. Но часы работы галереи Сохо никак не вписывались в мое расписание. После тщетных попыток я наконец-то сказала Джозефу Уолкеру, что мне необходимо увидеть выставку, потому что я — дочь Маяковского. Он любезно, специально для меня, отложил закрытие выставки на два дня.

Примерно в это же время мой коллега, профессор математики Мелвин Натансон, в то время ректор Леман-колледжа, рассказал мне, что должен быть в Советском Союзе. Я по секрету сообщила ему, кто мой отец, и он с уважением отнесся к просьбе сохранить это в тайне. Позже, вдохновленный *гласностью*, он спросил, не хотела бы я рассказать свою историю его другу, корреспонденту ТАСС. Натансон написал главному редактору нью-йоркского отделения ТАСС. В начале 1990 года я согласилась дать интервью журналисту Сергею Бабичу в моей квартире. Его статья, напечатанная в журнале «Эхо планеты» (апрель-май 1990), с рисунками и письмом Маяковского, которые я предоставила для публикации, была также иллюстрирована фотографией мамы и меня на берегу в Ницце, которую я никогда раньше не видела. Были ли это фотографии, которые Янгфельдт видел в архивах Лили Брик (1991. С. 27)? После публикации интервью Бабича меня прямо-таки завалили письмами, фотографиями со всего мира. Начались странные телефонные звонки. Люди с разными акцентами предлагали мне «документы» о моем отце. Я не приняла ни одно из этих предложений.

Я действительно верю, что важные документы, имеющие отношение к жизни и смерти Маяковского до сих пор не найдены, — возможно, в архивах КГБ, кабинеты которого зловеще выстроились на Лубянке, напротив квартиры поэта. Можно только предполагать, что символ Революции — Маяковский — часто бывая за границей и сделав свои работы неотъемлемой частью советской пропагандистской машины, стал слишком ценной собственностью своей страны и социалистической мировой революции, чтобы ему позволили без надзора бродить по иностранным землям. А что если этот «поэт-трибун» разочаруется в сталинском режиме? Что если он станет диссидентом?

Его сатирические пьесы «Клоп» и «Баня» предполагают именно такое решение. Смерть Маяковского 14 апреля 1930 года уничтожила эту опасную возможность.

Путешествуя с Товарищем Историей

В августе 1990 года я оказалась в Вашингтоне на собрании Американской социологической ассоциации. Я позвонила в Советское посольство и договорилась о встрече с Александром Петровичем Потемкиным, аташе по вопросам культуры. Ко мне отнеслись снисходительно, если не скептически. По лицам тех, кто время от времени проходил по роскошному залу, где мы разговаривали одни, можно было представить, что перед ними на синей парчовой софе сидит привидение и попивает русский чай. Так впервые я ступила на «русскую землю», за год до того как я на самом деле попала на русскую почву. 7 ноября 1990 года посол Александр Бессмертных пригласил меня на прием в Советское посольство по случаю 73-й годовщины Великой Октябрьской социалистической революции. Это, возможно, было последнее празднование этого события — по крайней мере Союзом Советских Социалистических Республик.

Подготовка к нашему первому путешествию

Шаг за шагом история раскрывалась в европейской прессе. Кто я, больше не было секретом; Джо Уолкер, Крис Урситти, Пол Мак Гиннис стали моими друзьями. Благодаря их стараниям состоялась моя первая поездка в Москву летом 1991 года, когда некоторые кусочки истории моей жизни уже начали распределяться по своим местам. Незадолго до нашего с сыном Роджером отъезда в Москву мои новые друзья праздновали выход их книги «Фото-манифест: современная фотография в СССР» (1991). Драматические, иногда тревожные образы, схваченные группой молодых русских, украинских, белорусских художников, отразили новаторский подход, введенный великим другом Маяковского Александром Родченко. Прямо перед нашим отъездом авторы провели выставку фотографий из своей смелой книги в Университете Лонг-Айленда. Обсуждение, в котором участвовали коллекционеры, критики, историки искусства, а председательствовал радиоведущий Шерри Хенри, касалось вопросов изменения эстетики и сдвигов в советском искусстве.

Мак Гиннис описывал влияние политики на формы искусства в быстро изменяющемся Советском Союзе. Мероприятие спонсировалось Советом по международным делам, Роджер, его жена Гейл и я были приглашены на небольшой званый ужин. Прямо перед отъездом мне представили человека небольшого роста. Им оказался Николас Бурлюк, сын старейшего и лучшего друга моего отца, Давида Бурлюка. В течение многих лет я мучилась вопросом, что же случилось с семьей Бурлюка. А теперь передо мной был человек уже более чем среднего возраста, которого мама помнила маленьким мальчиком. Семья Бурлюков — Давид и Маруся, их два сына Давид и Ники, и их жены и дети — уже долгие годы пребывала в Хемптон Бейс, на Лонг-Айленде, всего в часе езды от их старой квартиры в Бронксе, где они жили, когда Маяковский приезжал в Нью-Йорк. Неожиданный выпад со стороны Товарища Истории!

Приезд в Москву: незапланированное воссоединение семьи

Я даже не знала, чего ожидать, когда мы приедем в Москву. Примут ли нас? Или люди не поверят? В аэропорту Шереметьево меня и сына встретила Светлана Ефимовна Стрижнева, директор музея Маяковского, и несколько русских журналистов. Моя кузина Светлана Александровна Володина (потомок сестры деда Маяковского) тоже была там. Русские, видимо, высчитывают родство по-другому, и потомки сестры отца Маяковского были представлены мне как «племянницы»*. В Америке они бы назывались кузинами. Я вдруг с ужасом осознала, что потеряла не только отца и страну, но еще и целую семью — моих кровных родственников по отцовской линии. Я даже не подозревала, что в Москве живут мои кузины.

Среди вопросов, которые мне задавали репортеры, самым частым был: «Какое из стихотворений вашего отца вы любите больше всего?» Мое любимое — это «Облако в штанах». Я предлагаю здесь мой английский перевод нескольких строк:

If you like, I'll be furious flesh elemental.

Or changing to

---

* Точнее, племянницы Маяковского, но кузины Патриции Томпсон.

tones that the sunset arouses.

If you like, I'll be extremely gentle,

not a

man, but a cloud in trousers*.

Еще я сказала им, что *я* — грозовая туча в юбке!

Москва: первые впечатления

По дороге в гостиницу я впервые увидела памятник моему отцу на площади Маяковского. Мы с сыном попросили водителя остановиться. Мне не верилось, что наконец-то мы стоим здесь. Заметив, что взгляд поэта устремлен вдаль, Роджер прошептал: «Мам, я думаю, он ищет тебя».

Обустроившись в гостинице, мы сразу отправились на Новодевичье кладбище — основная цель нашего визита. Грей (1991) говорит:

«Ни один московский пейзаж так не спокоен, тих и неподвластен времени в своей красоте, и ни один не представляет собой такого иронического контраста с хаосом и неопределенностью, постоянно раздирающими мир за его стенами». (С. 89)

И снова я была поражена. Там, по обеим сторонам от последнего пристанища моего отца, были могилы моей бабушки («babushka», которую я никогда не знала) и моих теток Люды и Оли. Мои слезы были не только по моему потерянному отцу, но и из-за потери моих теток и бабушки. За мной стоят многие поколения сильных русских женщин. Насколько легче было бы мне справляться с жизненными напастями, если бы я знала их, чувствовала их любовь и поддержку, когда мама одна заботилась обо мне и боролась за то, чтобы я могла получить образование.

У могилы моего отца, под его бронзовым взглядом, я опустилась на колени и перекрестилась по-православному. Я при-

---

* Хотите –
буду от мяса бешеный
и, как небо, меняя тона –
хотите –
буду безукоризненно нежный,
не мужчина, а – облако в штанах! (I, 175).

44

везла с собой немного праха моей матери. Голыми руками я выкопала ямку между могилами отца и его сестер. Туда я положила прах, покрыла его землей и травой и полила слезами. Я поцеловала русскую землю, прилипшую к моим рукам[1].

С тех пор как мама умерла, я продолжала надеяться, что когда-нибудь ее частичка воссоединится с человеком, которого она любила, и с Россией, которую она любила до конца своих дней. Ничто на земле не могло мне помешать покрыть прах моей матери русской землей с могилы Маяковского. Теперь мои родители навеки вместе в смерти, как никогда не могли быть в жизни.

На второй день моего пребывания в Москве работники Музея Маяковского установили на могиле моего отца мемориальный венок. После этой поездки мне стало спокойней на душе, так как теперь останки моего отца, его семьи и моей матери хранились вместе в тишине и спокойствии Новодевичьего кладбища. Другой венок был установлен у подножия его памятника на площади Маяковского, и было сделано множество фотографий.

Музей Маяковского

Открытый весной 1973 года, Государственный музей Маяковского располагается в доме, где прошли последние трагические месяцы жизни Маяковского. Место, которое когда-то было крохотной квартиркой поэта, уютно прячется как воронье гнездо на мачте корабля жизни. Здесь поэт написал в своем последнем обращении к миру, что «любовная лодка разбилась о быт».

В комнате сохранили такую же обстановку, какая была при жизни Маяковского, но теперь мы знаем, что не все осталось нетронутым. Музей Маяковского резко порвал со старыми подходами к музееведению. Грей (1991) предлагает яркое описание:

«Внутренняя планировка музея, созданная группой молодых советских архитекторов, представляет собой яркий пример футуристической спиральной конструкции, которая обеспечивает наилучшую обстановку для размещения большой коллекции предметов, связанных с Маяковским. Здесь можно изучить знаменитые плакаты Маяковского, пропагандирующие советский строй; его сатирические рисунки; оригинальные рукописи его стихов и первые издания его книг; фотографии, письма, портреты и бюсты поэта и его друзей.

Эти элементы, расположенные по отношению друг к другу под немыслимыми, противоречащими законам физики углами, причудливо соседствующие с фотографиями советского периода во всю стену, заманивают посетителя в водоворот ярких цветов и пугающих исторических ассоциаций» (С. 89).

Первое посещение Музея Маяковского поразило меня. Мне казалось, что я вхожу в дом и вижу его глазами моего отца — разделяя его взгляды, чувства, борьбу, достижения и разочарования. Там, в маленьком шкафчике, стоит копия портрета моей матери «Элли Джонс», нарисованного самим отцом. Я разделяю предположение директора музея, что дата на портрете может быть датой моего зачатия. Почему, интересно знать, пропал оригинал рисунка? Где он?

Я люблю этот музей за то, что он разрывает с традиционными понятиями музейного помещения, позволяя художникам, участвующим в его создании, выражать свое видение предмета в глубоко личной форме. Мог ли Маяковский жить в стеклянных шкафах? Нет! Талантливый армянский художник Евгений Амаспюр сказал, что воплощая план музея, составленный Тарасом Поляковым, он лучше всего понял Маяковского, когда думал о его любви к «dotchka», потому что он тоже очень любит свою дочь.

Я рада, что музей не традиционен. Его пространство разворачивается непредсказуемо, как жизнь художника и его творчество, отражающее мир Маяковского в разные периоды. Он не просто оригинален, но, как мне кажется, по-хорошему оригинален. Музей Маяковского превзошел все мои ожидания. Я уверена, что моему отцу он бы очень понравился. Большой честью для меня была возможность оставить свои русские инициалы на стене почетных посетителей.

Мы с сыном прошли в его крохотную комнату. Как странно было сидеть среди вещей моего отца со своим сыном (мама всегда думала о нем как о внуке Маяковского). Я сидела на его стуле и трогала его стол, хотя все инструменты художника и писателя там находятся под стеклом. Я поглаживала старинное дерево письменного стола. Я положила руку на календарь, навсегда остановившийся на 14 апреля 1930 года, дне его последнего вздоха на земле.

Я чувствовала присутствие моего отца среди этих немногих материальных свидетельств его жизни. Я открыла ящик стола — чтобы удостовериться, что он пуст, — и почувствовала, что его руки касались того же дерева. Сиденье стула в некоторых местах протерлось. Я положила голову на подлокотник его дивана и почувствовала, что он мог делать так же. Я ощущала, что он был со мной. Впервые я могла коснуться вещей, которыми он пользовался каждый день, обычных вещей, хранивших тепло его рук и тела — тепло, которое я ощущала так явственно. Так же, как и в мамином красном вельветовом кресле, в котором в последние свои годы она вышивала, читала книги, слушала музыку, встречала друзей, интересовавшихся русской культурой, мне уютно и среди вещей моего отца — даже в музее. И я глубоко благодарна за трепетную заботу о его памяти.

Я увидела здесь бюсты Маяковского все с тем же знакомым мрачным выражением лица. Мое собственное единственное смутное воспоминание о нем — это его рост. Для маленького ребенка это были только ноги. Проведя пальцами по контуру его лица, я почувствовала, как знакомы мне эти очертания. Я провела указательным пальцем по такой же ложбинке на своем лбу. Это были неописуемые ощущения...

Очень приятно было принять участие в событиях, запланированных в музее по поводу дня рождения моего отца. Когда я впервые смотрела фильм «Барышня и хулиган» в зале музея Маяковского, я наблюдала за его развязной походкой, выражениями лица, за тем, как он нагло сжимает губами сигарету. Он бы понял бунтарский дух современной молодежи. Поймут ли они, что он был такой же, с надеждами и мечтами, многие из которых разрушила безжалостная Товарищ История? Прослушивание записи его голоса в зале музея вызвало другие воспоминания. Несмотря на желание матери и из-за того, что я думала, что нам никогда не ступить на русскую землю, я отказалась говорить по-русски после поступления в школу. А ведь это был мой родной язык!

На поэтических чтениях, проводившихся по поводу дня рождения Маяковского, я обнаружила, что я все же помню несколько русских слов. Движение его стиха трогает меня, потому что мое сердце бьется в том же ритме. Мне захотелось обратиться к аудитории:

Я не привезла вам стихов!

Я не поэт …

Я всего лишь дочь поэта …

Но

если

если

ЕСЛИ

бы я была поэтом,

Я бы Красную площадь взяла вместо бумаги!

А Лубянку — вместо компьютера!

И я бы вставила в него диск

памяти

Так, чтоб *никто* не забыл!

Это и есть мой долг перед ним. Если говорить честно и от всего сердца. И в этом стихотворении имеется в виду не район улицы Лубянки (как, если не ошибаюсь, это объяснялось в «Правде»), а Лубянка-тюрьма и штаб КГБ.

В музее мне показали записные книжки Маяковского, в которых есть адреса Элли Джонс в Нью-Йорке и в Ницце. В записной книжке № 67, на отдельной странице Маяковский написал одно слово: «Дочка». Эта запись заставляла ученых годами мучиться в догадках. К моему удивлению, в тот первый приезд мне дали копию ранее неопубликованной главы под названием «Дочка», написанной ко второму изданию книги о Маяковского Соломоном Кемрадом. Ее для меня перевела Таня Эйдинова.

Светлана Ефимовна Стрижнева, директор музея, сказала, что она получила рукопись «Дочки» от режиссера, который когда-то работал в Нью-Йорке. У меня есть его фотография, но я не знаю ничего, кроме того, что его зовут Сэм. Как и многие документы в бюрократической системе — даже репрессивной — эта рукопись, похоже, имеет свою биографию. Но почему она никогда не публиковалась? Кому это было выгодно? Не мне!

Новый круг друзей

Через Джо, Криса и Пола я смогла познакомиться со многими потомками ближайших друзей отца, включая и Родченко. В их студии я сидела на диване, который Родченко с Маяковским притащили в квартиру более семидесяти лет назад. Он стоял под знаменитым портретом моего отца. Сидя в мастерской Родченко, я снова чувствовала воссоединение с моим прошлым. Дочь Родченко Варвара сделала для меня специальную видеозапись. Она также подарила мне свою фотографию, сделанную ее отцом, когда она была еще маленькой. Она теперь стоит среди других драгоценных вещей в моей гостиной. Варвара была бы моим другом детства, если бы Товарищ История не встала на нашем пути.

Встреча с Маэлью Исаевной Файнберг, дочерью друга моего отца Исайи Хургина, очень меня растрогала. Мама часто говорила о мистической гибели отца Маэли, когда он был в Америке. Мы даже не знали, что у него была дочь. Мы с Маэлью обнялись с такой теплотой, как если бы выросли вместе. Как и я, она всю жизнь пыталась узнать обстоятельства безвременной кончины ее отца. Мама говорит о смерти Хургина на одной из своих кассет. Он утонул на озере Лонг Лейк в штате Нью-Йорк, и это вселило в наши жизни — мою и мамину — подозрение, страх, опасения, что длинная рука ГПУ однажды найдет и нас. И если бы это случилось, то мы уже никогда не рассказали бы своей истории. Как выяснилось, этот страх был не безоснователен[2].

Чудом или по стечению обстоятельств именно Маэль была редактором, готовившим второе издание рукописи Кемрада. Мистическим образом эта рукопись пролежала забытой много лет, но Маэль никогда о ней не забывала.

Совершив дружеский визит в дом Василия Катаняна, пасынка Лили Брик, и его жены Инны, я снова оказалась среди вещей, когда-то принадлежавших моему отцу. Я взглянула на автопортрет Маяковского на стене, выполненный в ярких оттенках розового и оранжевого цветов, которые я так люблю. На память Катаняны дали мне кусочек обшивки, которая покрывала стул в кабинете отца, на котором я сидела. Так же, как и стол, ткань была старая. Это было что-то от него, что я могла увезти с собой в Америку. Прикосновение к ней делает меня ближе к отцу и его повседневной жизни.

Особая встреча с Вероникой Полонской

В своей предсмертной записке Маяковский называет своей «семьей» мать, сестер, Лилю Брик и Веронику Витольдовну Полонскую. Он не упоминает ни мамы, ни меня, и долгие годы я удивлялась этому и очень переживала. Это был вопрос, на который я не получала удовлетворительного ответа до тех пор, пока не повстречала мадам Полонскую при моем первом визите в Москву в 1991 г. Частично наша встреча освещалась российским телевидением.

Утонченная и хрупкая, мадам Полонская, которая во времена Маяковского была привлекательнейшей инженю, любезно приветствовала меня. Мы поцеловались и обнялись в ее маленькой квартирке в доме для пенсионеров-актеров. На ее книжном шкафу стояла маленькая статуя Маяковского во весь рост. Она тоже его любила, в этом я не сомневаюсь. Она сказала, что он говорил обо мне и что он хранил ручку «Паркер», которую я ему подарила. Он гордо хвастался ею как подарком его «дочки». В музее Маяковского сейчас две ручки «Паркер», и одна из них точно эта.

Мы встречались наедине и Таня Эйдинова была нашим переводчиком. Я спросила мадам Полонскую, *почему?* Почему он упомянул моих теток, мою бабушку, Лилю Брик и ее в своем последнем письме? Но не меня или мою мать. «Почему *вы*, но не *я*?» — настойчиво спрашивала я. Она посмотрела мне в глаза и мрачно сказала: «Он сделал так, чтобы защитить меня, а также и вас». Представьте. Ее он защищал *включая*. Мою мать и меня он защищал *исключая*.

Ее ответ мне совершенно понятен. Как еще мог он защитить нас после смерти, если он не мог защитить нас при жизни? Но, конечно же, он надеялся, что однажды те, кто его любили и кому он доверял, найдут меня. Многие люди пытались убедить меня, что Полонская причастна к его смерти. Да, она последняя, кто видел его живым. Да, она рассказала свою версию событий. И да, я хочу ей верить.

В январе 1993 года Таня Эйдинова вспомнила еще одну вещь, сказанную Полонской на той встрече: когда Маяковский рассказывал ей обо мне, он сказал: «В этом ребенке мое будущее. Теперь я простерся в будущее».

Московские воспоминания

Меня попросили посетить издательство, где я встретилась с Александром Мироновичем Ушаковым и другими учеными, занимающимися творчеством Маяковского. Увидев многочисленные тома, написанные о нем и его работе, я подумала: *Товарищ История, придется произвести ревизию*. Я разговаривала с издателями журнала «Советская женщина» и детского журнала

«Мурзилка». Я припомнила, как сама работала издателем журналов «женских интересов», как называют их американцы. Эти интересы (которые я называю «гестианскими») ничем не отличаются в США и в России. Меня волнуют те же самые вещи, которые волнуют многих женщин, и мужчин: дом, семья, дети, мир и любовь. Сердца женщин везде похожи. Куда бы я ни приехала — в центр армянской культуры, в центр грузинской культуры (теперь это московские посольства независимых государств) — везде меня встречали с энтузиазмом, радушием и щедростью.

Поездка в Загорск (впоследствии переименованный в Сергиев Посад) дала мне возможность поставить в соборе две свечки в память о моих родителях. Струйки дыма, поднимающиеся от этих тоненьких восковых свечек, казалось, объединяли Володю и Элли в священном союзе. Я подписала книгу посетителей и обнаружила, что Джимми Картер и Маргарет Тэтчер были там незадолго до меня.

Во время прогулки по территории собора один православный священник рассказал мне, что то, что американцы называют «купола-луковки», на русских церквах символизирует языки пламени. Существуют и другие способы изобразить пламя. Мое собственное академическое исследование касается значения греческой богини Гестии (римская: Веста), защитницы домашнего очага, для современной семейной жизни. Дохристианские греки полагали, что Гестия жила в пламени домашнего очага. «Языки пламени» куполов церквей поднимаются в небо и соединяют алтарь, который во времена античности был очагом, с вышним раем. Разве не нашла я символическую связь в русской православной иконографии с моей собственной социальной теорией «гестианского феминизма?» Мне так кажется. Возможно, в своем образе мышления я более русская, чем я думала.

После моего первого визита в Москву, возвращаясь из России в свой американский дом, я увозила с собой бюст отца, сделанный Еленой Козловой, и много других драгоценных подарков. И сказала себе: *Товарищ История сохранила последнее слово для меня*».

Меньше чем через месяц после моего возвращения из Москвы меня потрясла новость о том, что советское правительство 67 лет назад собрало коллекцию «великих мозгов» для научного изучения, направленного на установление анатомических корней гения. Мозг Маяковского был среди них («Нью-Йорк таймс», 9 сентября 1991. С. A9). Никто не говорил мне об этом в Москве.

51

Повторный визит

Еще до окончания моего первого визита в июле 1991 года я получила приглашение от Людмилы Швецовой*, председателя Комитета женщин, семьи и детей, недавно образованного президентом Михаилом Сергеевичем Горбачевым. Меня приглашали посетить собрание, проводившееся в октябре. Довольно рано для повторного визита. Однако, Товарищ История, похоже, звала меня обратно в Москву. Тема конференции представляла для меня особый интерес: она касалась проблем женщин, детей и семьи. Мне предлагали выступить, предложение, которое никто из Маяковских не мог отвергнуть. На самом деле выступить. Чудесно. Это был мой шанс сделать то, чем я профессионально занимаюсь в Америке, и сделать это на родине моих родителей. Итак, я вернулась в Россию, чтобы представить свою работу, названную «Женщины, дети и семьи: их место в новом мировом порядке»[3]. После окончания моего выступления и обсуждения моей гестианской феминистической теории, я получила записку из зала. Там говорилось:

«Мисс Патриция!

Спасибо за ваше замечательное выступление. Это было стихотворение в прозе. Вы достойная дочь Владимира Владимировича. Вы должны были почувствовать, что люди здесь его помнят и любят. И эта любовь перенеслась и на Вас. Как приятно было бы ему видеть все то, что происходит в этом зале. Мы за Вас рады. Вы приехали в тяжелые для России дни. Ваша душа болит за Россию. Надеемся, Вам с нами хорошо. Ваш приезд как связь времен — возвращение надежд на лучшую, более добрую, дружную жизнь наших народов».

Позже авторы (женщины из Свердловска, мне кажется) представились, и между нами состоялся спонтанный семинар за круглым столом в кафе конференц-центра, который располагался в помещении бывшей Высшей Комсомольской школы.

Комсомол был расформирован как раз в тот момент, когда я стояла в его — по русским стандартам — роскошном здании. Его переделали под конференц-центр, и заседание, которое я посетила, было одно из первых, проводившихся там. Я выслу-

---

* Ныне Л.И.Швецова — первый вице-премьер Правительства Москвы.

шала эту историческую справку в присутствии Тани Эйдиновой, которая и объяснила мне все. За годы до этого, в разгар «холодной» войны, когда я работала издателем учебников по социологии в школьном отделе Макмиллан Компани, мы выпустили книгу с красными серпом и молотом на обложке под названием «Коммунизм: что это и как он работает» (Шлезингер и Блуштайн, 1964 г.). Для иллюстраций я отобрала несколько фотографий детей в красных галстуках — символах членства в пионерской организации. Не верилось, что детей больше не будут заставлять вступать в эту организацию, где их головы забивали суровой коммунистической идеологией и лозунгами. Некоторые, конечно, рады были стать частью правящей элиты. Теперь они могли учиться взвешивать варианты и принимать решения. Тот день стал поворотным пунктом в образовании российской молодежи.

После конференции я остановилась в квартире моей кузины Татьяны Михайловны Горбачевой (не имеет отношения к президенту СССР) — внучатой племянницы отца Маяковского. Получается, что ее отец был двоюродным братом моего отца? Как бы там ни было, я провела несколько дней в ее доме, полном вещей, напоминающих о Маяковском. Наверное, их было не так много, как у Василия Катаняна, но это были теплые семейные истории и стопки фотографий, которые показали мне мои вновь обретенные родственники. Одна мне особенно запомнилась. На ней не было людей. Это была черно-белая фотография стола Маяковского, беспорядочно заваленного бумагами и другими предметами, так же как и мой собственный. Во время моего первого посещения музея Маяковского мы сфотографировались у этого стола, который сейчас намного чище, чем в то время, когда была сделана фотография Татьяны Михайловны. На этой фотографии шарф Вероники Полонской был на лампе. К сожалению, это была не та синяя лента, которую я искала. Но почему его убрали? Какие еще вещи убрали с этого стола? Позже мне сказали, что это было сделано по приказу Лили Брик.

Если Лиля Брик действительно заходила в комнату после смерти Маяковского и убрала или уничтожила некоторые вещи, то что это *были* за вещи и *почему* она это сделала? В одном я уверена: это было сделано не для того, чтобы защитить *мое* право на жизнь. Но почти через тридцать лет она заявляла о попытке найти меня. *Почему?*

Санкт-Петербург

Во время моего второго приезда я посетила Санкт-Петербург. Мне кажется, я осмотрела все балконы, с которых когда-либо читал свои стихи Маяковский. Я сходила к кафе «Бродячая собака», где мой отец с друзьями собирались, читали стихи и разговаривали до утра. Как бы мне хотелось побывать там с ними! Меня пригласили выступить на собрании, проводившемся на средства, выделенные немецкой культурной организацией. Когда я вышла с собрания, три молоденькие девушки остановили меня на улице и спросили, не собираюсь ли я написать биографию Маяковского. Я сказала: «Нет, но мне бы хотелось увидеть его биографию, написанную женщиной. Мне кажется, что ученый-женщина лучше бы поняла его характер и личность, чем многие мужчины, которые так много о нем написали». Они зааплодировали и ушли, весело смеясь, в ночь.

Четырех коротких поездок слишком мало, чтобы заполнить пробелы, возникшие за целую жизнь, прожитую вне страны, которая могла бы быть моим домом, если бы Товарищ История не играла в свои разрушительные игры с судьбами трех человек — Маяковского, моей матери и моей. Во время моих поездок в Москву и Санкт-Петербург многие из недостающих кусочков мозаики моей жизни были найдены. Несмотря на академическое образование, я не была готова сложить так много фрагментов моей собственной жизни— вместе. Как долго можно молча стоять на обочине истории, так и не отстав от нее! Это совсем не в духе Маяковского оставаться подорожником — или даже следом — навсегда.

ЧАСТЬ IV

МАЯКОВСКИЙ НА МАНХЭТТЕНЕ

Во время моего второго приезда в Россию в октябре 1991 года моя кузина Светлана Володина и ее дочь Танечка (они несколько раз переезжали) были в Париже. Ее муж, кинорежиссер Леонид Сергеевич Попов, снимал фильм «Американский шпион». Но он все же провел со мной немало времени. Однажды вечером он сообщил мне потрясающую новость: одна женщина, живущая в Москве, сказала, что она *видела* Маяковского с моей мамой в Нью-Йорке. Неужели такое возможно? Мне не верилось. Казалось, что каждый, кого я встречала, заявлял о какой-либо своей «связи с Маяковским». Но мы все-таки поехали в ночь с другом Леонида, кинорежиссером Верой Федорченко, и Таней Эйдиновой, чтобы увидеть, что на сей раз приберегла для нас Товарищ История.

Маяковский и Элли: показания свидетеля

Меня отвезли в дом Татьяны Лещенко-Сухомлиной. В одном интервью журналист Лариса Прошина описала Татьяну Ивановну как женщину, прожившую «долгую, полную событий жизнь, включившую и великую любовь, и великую печаль, и сталинские лагеря» (1991. С. 20). Хотя Таня Эйдинова как обычно приехала со мной в качестве моральной поддержки и переводчика, хозяйка, жившая в Америке, отлично говорила по-английски. Беседа полилась свободно. Снова Товарищ История играла свою роль в моей жизни. То, что до сих пор в Москве — не говоря уже о Нью-Йорке — был *кто-то*, действительно видевший моих родителей вместе на Манхэттене, казалось просто невероятным. И вот она сидела передо мной. Женщина в свои восемьдесят с небольшим лет с кристально чистым умом и зычным молодым голосом. Она рассказала нам свою историю. Будучи молодой женой американского адвоката, она уехала в Нью-Йорк, где ходила в школу журналистики Колумбийского университета и работала в театре. Она увидела Маяковского на улице, у офиса Амторга. Она заговорила с ним. Он всегда был рад встрече с русскими или грузинами во время своих путешествий и пригласил их с мужем на поэтические чтения. После этого их пригласили на вечеринку у него дома, где Татьяна Ивановна увидела Маяковского с «высокой, худой, очень красивой молодой женщиной, которую он называл Элли». Она поняла, что «Маяковский очень любил ее». Благодаря Татьяне Ивановне я теперь наверняка знаю, что я — дитя любви. Я всегда была в этом уверена, но рассказ человека, своими глазами видевшего моих родителей, подтвердил мое интуитивное убеждение.

История Татьяны Ивановны отражена в воспоминаниях моей мамы на двух кассетах, где она описывает вечеринку в крохотной квартире Маяковского недалеко от Вашингтон-сквер в Гринвич-Виллидж. Мама случайно упоминает (раньше я ни за что не обратила бы на это внимания) о «молодой русской девушке замужем за американцем». А на кассете 1973 года она упоминает и фамилию мужа — Пеппер. Ее комментарий приобрел новое значение. Татьяна Ивановна действительно была в этой компании. Ее история стала неопровержимым показанием очевидца того самого события. Хотя мама и не называет ее имени, два рассказа совпадают. Как получилось, что никто из биографов Маяковского не нашел ее? Почему никто из ученых не расспросил ее? В таких случаях устная история так же важна, как и документальная, и служит подкреплением письменного или другого материала. То, что я услышала от Татьяны Ивановны, поразило меня как настоящее чудо.

«Удивительно красивая пара»

Через год, в ноябре 1992 года, я приехала к Татьяне Ивановне для «проверки фактов». Прочитав черновой вариант этого эссе, она добавила: «Они были удивительно красивой парой. Они подходили друг другу». Она напомнила мне, что при первой нашей встрече говорила, что «с ними был еще кто-то третий. Это была *любовь!*» И добавила еще одно воспоминание о том, как видела Маяковского с Элли на берегу. Элли несла под мышкой книгу — «Улисс» Джеймса Джойса. Это было похоже на маму, она всегда читала последние — и наиболее спорные — книги.

Их первая встреча на коктейле у Рехта

Некоторые считают, что первый раз Элли Джонс увидела Маяковского на поэтических чтениях в Москве до ее отъезда из России в 1923 году. Это неверно. Элли вспоминала, что видела его однажды до их знакомства, именно в 1923 году[1], но не на поэтических чтениях. Они оба стояли на холодной, задымленной железнодорожной платформе в ожидании поезда из Москвы в Ригу*. Было ли это до или после ее замужества с Джорджем И. Джонсом в том же году, я не имею ни малейшего понятия. Маяковский тогда уже был известен. Она не заговорила с ним. Она стояла и наблюдала за ним издалека. Он был с женщиной, в которой она узнала Лилю Брик, и с каким-то незнакомым ей мужчиной. Мама рассказывала о своих чувствах, вызванных в ней тогда Лилей Брик: «Ее холодные, жестокие глаза. Она все подбивала Маяковского что-нибудь сказать, рассчитывая, видимо, на гениальную строчку». Мысль о том, что Лиля Брик однажды пыталась найти меня, как она говорила 22-го декабря 1955 года, и внушила страх бесстрашному в других отношениях сердцу моей матери.

К тому моменту, когда Татьяна Ивановна видела Маяковского с Элли на вечеринке в Гринвич-Виллидж, они уже некоторое время были знакомы. Они познакомились на коктейле в доме адвоката Чарльза Рехта**, у которого было несколько клиентов из Советского Союза. Рехт увлекся яркой подругой моей матери Лидией Мальцевой, рыжеволосой оперной певицей, слывшей «роковой женщиной». Он сопровождал обеих женщин на вечеринках и культурных событиях. Друг Маяковского Исайя Хургин каждый день видел Маяковского в офисах Армторга, где тот забирал свою почту и заходил узнать о ходе своих дел. Хургин помогал Маяковскому в подготовке его выступлений. Он одалживал ему деньги и поддерживал его попытки опубликовать свои работы в Америке. Хургин сказал маме (которая знала его до приезда Маяковского в Нью-Йорк), что не будет знакомить ее с Маяковским, потому что тот был не только «интересным человеком», но и «покорителем женских сердец», то, что мы назвали бы «бабником».

Неожиданная смерть Хургина при подозрительных обстоятельствах — несчастный случай на Лонг Лейк в штате Нью-Йорк — шокировала все русское эмигрантское общество, огор-

---

* Описанная встреча на Рижском вокзале могла быть в октябре 1921, когда Маяковский провожал Лилю Брик, уезжавшую в Ригу, куда в мае 1922 года отправился и он. Не исключено, что в конце 1923 года они могли встречать кого-то на платформе.

** Чарльз Рехт — адвокат, приехал в Америку из Чехословакии, работал юрисконсультом у Хургина в Амторге.

чила и привела в уныние друзей Хургина. Никто из них (включая и Маяковского) не верил в официальную версию этого происшествия. Хургина кремировали в среду. Вечеринка у Рехта была в следующее воскресенье.

Вот, что рассказала Элли о том судьбоносном вечере, когда она познакомилась с Маяковским:

«После похорон Хургина Рехт сказал, что дает вечеринку в честь Маяковского и других писателей. Я все еще была расстроена и ответила: «Я не очень-то хочу знакомиться с Маяковским». Он сказал: «Приходи. Ты единственный человек, из тех, кого я знаю и кто говорит по-русски». Я сказала: «Разве ты не приглашаешь Лидию?». Тогда я узнала, что у них был роман, но Рехт не смог перенести того, что, приходя домой, Лидия переодевалась и шла встречаться с кем-нибудь другим. «Рехт, — сказала я, — ты же не воспринимал Лидию всерьез, не так ли? Она очаровательная женщина. Талантливая. Интересная. Интригующая. Но неужели *ты* принимал все всерьез?» Рехт надул губы. «Ведь конечно, — добавила я, — если бы ты искал верную женщину, ты бы не выбрал Лидию». Как бы там ни было, я уговорила Рехта пригласить Лидию, которая, я была уверена, мечтала познакомиться с Маяковским и добавить его к коллекции своих знаменитых мужчин. Я позвонила ей, и она была в восторге. Джордж Джонс и Лидия Мальцева сопровождали меня в тот вечер.

Я знала, что Маяковский — известный "womanizer"*, "сердцеед", и, будучи еще под впечатлением смерти Хургина, пошла на вечеринку только ради Лидии. У меня тогда была такая теория, что художника и человека лучше не смешивать. То, что я читала из Маяковского, казалось мне таким надуманным, что мне стоило целых часов расшифровать его стихи. Я хотела его спросить: "Как вы можете называть себя поэтом масс, если я — читавшая и Брюсова, и Блока, и Гельдерлина, и Шиллера, и Гете, и Теннисона, и Шекспира, и даже Линдсея, и Мопассана, и Гюго в оригинале — с таким трудом понимаю *Вас?*"».

Сколько молодых и красивых женщин, интересно, могли бы бросить такой вызов поэту мирового класса? Это было незадол-

---

* Бабник (англ.)

го до того, как она смогла задать свой вопрос самому Маяковскому. Она продолжала:

«Это случилось жарким нью-йоркским вечером, в набитой битком маленькой квартирке на Вест, 50-й улице. Я не помню всех, кто там был, потому что для меня это было самое сильное переживание за всю мою жизнь. Шепелявый испанский комиссар из Одессы, большой человек в политике (ужас Самары, которого я видела в театре с его женой, красавицей, дочерью выдающегося физика) был там с другой женой. Когда она узнала, что я была моделью, то до смерти замучила меня разговорами про моду (думая, что быть моделью — это так очаровательно) и спрашивала, что я думаю о ее сумочке, которую она купила «всего лишь за 35 долларов». Мой недельный заработок! Пока люди в России голодали, эти люди тратили все деньги за границей. Мне было очень неловко. Я никак не могла отделаться от нее.

Джордж Джонс поцеловал мне ручку и ушел на другую встречу. Ему надо было куда-то ехать на поезде. Я была там одна, сидела у маленького столика. Маяковский подошел и заговорил со мной. Он спросил, знаю ли я, кто он, и читала ли я что-нибудь из его работ. Я вежливо отвечала, что о нем мне говорил Хургин и что я читала его стихи, но никогда не ходила на его лекции в Москве, потому что, во-первых, боялась выходить одна поздно вечером, а, во-вторых, на самом деле не было времени.

Но я читала его поэзию, и он сказал: «*Все* красивые девушки так говорят. А когда я спрашиваю, какие стихи они читали, они отвечают: “Одно длинное и одно короткое!”».

Она ответила: «Я не знаю ваших коротких стихов — кроме рекламных лозунгов».

Я подозреваю, что такая беседа с уверенной в себе, начитанной молодой русской женщиной удивила Маяковского. Неожиданность ее должна была заинтриговать его. Элли попросила объяснить ей некоторые необычные с синтаксической точки зрения моменты в его стихах. Она, собственно, процитировала строчку из одного стихотворения. Она сказала, что ей жаль, — она отдала свою книгу Алмеру Моду (переводчику Толстого) в Лондоне, ведь это была единственная книга, которую она привезла с собой из России.

Маяковский пригласил ее на следующую свою публичную лекцию. Он предложил заехать за ней или привезти ей билет. Она отказалась, сказав что Рехт обещал взять ее с собой.

Он продолжал говорить. Прежде чем она заметила, он оказался почти на коленях перед ней. Она сидела, а он был очень высоким человеком. Ей было жарко, и она чувствовала себя несчастной в своем черном атласном платье и черных атласных туфельках на высоком каблуке.

Маяковский сказал: «Позвольте принести вам лимонаду. Здесь так жарко».

Элли ответила: «Да, я не отказалась бы от лимонада».

Тогда он пошел за прохладительным напитком в бар в соседнюю комнату. Он вернулся с высоким бокалом с бледно-зеленой жидкостью, вкус которой что-то напомнил ей, и Элли сказала: «Хм, пахнет как рождественская елка». Она не привыкла к алкоголю. Напиток показался ей очень вкусным. Скорее всего, это был джин. Запах можжевеловых ягод дал повод для прозвища «Ёлочка» — одного из двух, которые придумал для нее Маяковский.

Снова он встал на колени и сказал: «Вы не прогуляетесь со мной по магазинам? Мне нужно купить подарки моей жене».

Позже Элли записала в своем дневнике: «Я понимаю, почему у него репутация «сердцееда». Он сразу сообщает, что женат. Однако настаивает на том, чтобы я оставила ему свой номер телефона».

Он умолял: «Давайте пообедаем вместе». Элли засобиралась домой.

Маяковский предложил: «Может сначала пообедаем?»

Элли ответила: «Я пришла вместе с Лидией Павловной и уходить мы собираемся тоже вместе. Я не пойду одна. Мы должны взять ее с собой».

Лидия кокетничала как могла, чтобы очаровать Маяковского. Элли вспоминала:

«Я собиралась оставить Лидии ее жертву и позволить добавить Маяковского к ее коллекции знаменитых мужчин. Но Маяковский настоял, чтобы мы обе пошли с ним ужинать. И я пошла с ними, хотя у меня начался ужасный жар. Мы остановились на ресторане «Чайлдс». Я не могла есть.

Когда мы с Лидией где-нибудь бывали, она всегда была «душой компании». Конечно, я знала все ее «ходы». Одним из ее излюбленных трюков были остроумные афоризмы Оскара Уайльда, которые она выдавала за свои. Мы сидели в ресторане, и Лидия, как обычно, флиртовала и болтала. Я была такой оживленной, что сама себе удивлялась. А он казался таким заинтересованным. Лидия постоянно меня перебивала. И он повернулся к ней и сказал: «Лидия Павловна, мы *все* знаем Оскара Уайльда. Оставьте ее в покое». Потом мы все втроем прошлись к его квартире на Пятой Авеню, 3.

Короткая прогулка на свежем воздухе в туфлях на высоких каблуках мне не помогла. Казалось, что сердце сейчас разорвется. Теперь надо было подняться по нескольким лестницам этого старого дома, разделенного на маленькие квартирки. Комната Маяковского была первой, за ней была еще одна маленькая комната со столом и плитой, а дальше шла ванная — оба эти помещения без окон. В квартире было душно, и я сказала: «Лидия, надо было мне идти домой. Мне дурно!» Я схватилась за грудь.

Обеспокоенная моим состоянием, Лидия закричала на Маяковского: «Что вы давали ей пить? В ее напитке был алкоголь? У нее аллергия на алкоголь. Ей сердце не позволяет. О Боже, дочь моя!» (она так меня называла. Она относилась ко мне с материнской заботой). «Дай я расстегну твое платье. Принесите мокрое полотенце», — сказала она и начала меня раздевать.

Меня нельзя было переносить. Лидия с Маяковским стянули с меня тяжелое атласное платье, расстегнули бюстгальтер, сняли туфли и чулки и положили на его кровать — узкую койку. Она обтерла мне лицо, грудь и руки холодным полотенцем, потом ноги. Я почувствовала себя намного лучше, но все еще очень вялой. Последнее, что я помню, они стояли посреди комнаты, ее руки на его плечах, его — на ее талии. Они выглядели довольно робкими. Потом я, должно быть, отключилась … Мне необходимо было поспать. Я не знаю, сколько джина было в том напитке, но явно больше, чем я могла выдержать. Этот жар, быстрая прогулка, подъем по крутым ступенькам — я все равно бы упала в обморок!

Бруклинский мост

Бруклинский мост, инженерное чудо Джона Ройблинга, был установлен в мае 1883 года, за десять лет до рождения Маяковского. Инженер воплотил свой проект в стали. Маяковский создал свою версию в стихах. Твердая рука инженера подчинялась «интуитивному чувству» мастера (Birdsall. 1983. С. 63). Такие инженеры, как Ройблинг, и такие поэты, как Маяковский, имеют внутреннее чувство структуры, и, чтобы воплотить ее в жизнь, в первом случае удары наносятся по стали, создавая орнаментальный рисунок моста, во втором — ударные слоги языка связываются в строфы с такой же точностью и усердием. Мост «заговорил» с Маяковским в 1925 году. Элли почувствовала это в неясном гудении — звуке и ощущении вибрации моста. Идея была переведена из структурной стали инженера в строфу-лесенку поэта. И мост, и стихотворение — оба были построены с воображением и в поте лица, оба — продукты человеческой изобретательности.

Стихотворение «Бруклинский мост» считается одним из лучших, написанных Маяковским во время его поездки в Америку. Впервые он очутился на мосту с Лидией и Элли ранним утром после вечеринки у Рехта. Элли рассказывала, что было после того, как она заснула на кровати Маяковского:

«Следующее, что я помню, это Лидию, поднимающую меня словами: "Пора идти домой. Сонная леновица". Я была в нижнем белье. Я поняла, где я, побежала в ванную, ополоснулась холодной водой, оделась и почувствовала себя великолепно. Мы спустились вниз поймать такси. "О, нет. Только не домой! Давайте пойдем на Бруклинский мост, — сказал он. — Не хотите ли прогуляться до Бруклинского моста, девочка?" Он сказал: "Я хочу отпраздновать. Отпраздновать!" "Отпраздновать *что?*" — спросила я. «Отпраздновать! Отпраздновать! — повторял он. — Теперь нью-йоркские таксисты должны быть готовы ко всему — даже к тому, что им придется везти русского поэта и двух русских девушек к Бруклинскому мосту посреди воскресной ночи».

Было прохладно. Легкий туман висел над мостом, по которому ходили три человека. Мост казался Элли живым, и он передавал им свое состояние — вибрацию. Она описывала это, как «гул, который проходит через все твое тело». Он все пробегал по стали и по людям, ходившим по ней. Маяковский назвал это «струнами-канатами». Как вспоминала Элли, «Лидия была уставшей. Может быть, расстроенной. Я окончательно проснулась, а Маяковский был в восторге. Я сказала ему, что мне кажется, русские намного более романтично относятся к Бруклинскому мосту, чем любой американец из тех, кого я встречала ...

Он был действительно в настоящем восторге от Бруклинского моста. Мне было знакомо это чувство по московским инженерам и студентам инженерного института. Один американский журналист, которого я познакомила с ними, сказал: «Боже мой, да они знают каждый болт в Бруклинском мосту». Это действительно было достижением того времени. И Маяковский ходил по нему, была лунная ночь. Это было здорово. Он был так *счастлив* погулять по Бруклинскому мосту!

Он хотел сначала отвезти Лидию, но я сказала: "Нет"».

Предупреждение Хургина еще звучало в ее ушах. Из осторожности Элли попросила высадить ее на углу улицы, где она жила, на Ист, 70-й улице, а потом отвезти Лидию, которая жила на Риверсайд-драйв. Они решили все вместе сходить куда-нибудь следующим вечером.

На следующее утро

На следующее утро, в понедельник, у Элли раздался телефонный звонок. Звонил «шепелявый комиссар», который был у Рехта, и просил разрешения заехать к ней. По наивности она разрешила. Он приехал и сказал: «Мы уничтожили все ваши письма. Дайте мне, пожалуйста, письма Хургина». Она вспоминала:

«Во-первых, я никогда не писала Хургину писем, а во-вторых, он никогда не писал мне. Я сразу кинулась к телефону, позвонила полковнику Беллу и сказала так, чтобы комиссар меня слышал: «Полковник, вы можете себе представить, политический комиссар из Самары пришел. Как приятно видеть кого-то с родной земли». Полковник Белл, должно быть, почувствовал неладное и спросил: «Хотите, чтобы я приехал? Или мне прислать кого-нибудь?»

Элли отклонила его предложение. Ее незваный гость ушел до того, как появился Маяковский. Поскольку никакой переписки между ней и Хургиным никогда не было, Элли расценила это как попытку шантажа. Все значение этого инцидента оставалось непонятно мне до тех пор, пока я не встретилась с дочерью Хургина Маэлью Исаевной Файнберг в июле 1991 года в Москве.

После ухода комиссара, был еще один звонок (от американского поклонника), чье грубоватое поведение привело Элли в плохое расположение духа. Таким было ее настроение, когда Маяковский зашел за ней — без Лидии. Она сказала: «Надо позвонить Лидии». В этот момент он нарисовал рисунок, где Лидия и все мужчины «с большими носами и машинами» стоят под окном Элли. Таким образом Маяковский заявлял, что отгонит всех посетителей. «Он нарисовал его на простой картонке от канцелярской коробки, которая у меня там стояла. Он всегда умел сделать что-нибудь неожиданно забавное. С ним было всегда так *весело*».

Маяковский заслоняет Элли Джонс от прохожих.
Рис. В.Маяковского. 1925.
© П.Томпсон

Она продолжает свои воспоминания:

«Итак мы пошли за Лидией на Риверсайд-драйв, а я никогда там не была… Это была красивая квартира. Там стояли разнообразные фарфоровые безделушки на камине в гостиной и мебель времен Людовика-какого-то. Лидия была еще не готова. Это тоже был один из ее трюков. Она всегда опаздывала. Маяковский начинал нервничать.

Владелица квартиры вышла поговорить со мной. Естественно, Маяковский не понимал ни слова ... У нее было много денег, она воображала себя знатоком искусства и хотела помочь Лидии. Маяковский ходил по кругу. Я думала, что он сейчас все разобьет. Он был очень раздражен. Я вошла в комнату Лидии и сказала ей: «Лидия, ну *давай!* Одевайся. Я пришла за *тобой*. Я собираюсь уходить. Он сейчас все разобьет в гостиной». Наконец, Лидия вышла, и они начали спорить. Я понимала лишь половину того, что они говорили, и меня вдруг осенило. Они ссорились из-за *меня*. И каждый обвинял другого в использовании меня. Тогда я сказала: «Послушай, Лидия, я довольно долго играла роль твоего переводчика, но сейчас я не понимаю, *о чем* вы говорите. *До свидания*». И я ушла. Хотя я плохо еще знала Нью-Йорк, мне показалось, я найду дорогу домой».

Элли вышла на улицу и уже собиралась сесть на городской автобус, когда Маяковский нагнал ее своими большими шагами. И вот он стоял рядом с ней. Она была в шоке. «Хватит с нас Лидии, — сказал он. — Пошли в зоопарк».

Первое свидание: зоопарк в Бронксе и обед

Маяковский обожал животных и очень любил ходить в зоопарк. Элли удивлялась, как кто-либо мог говорить (как говорила Лиля Брик), что он не любил детей, когда он сам был таким ребенком. Элли рассказывала, как он прочитал ей два стихотворения в зоопарке — одно про кенгуру и одно про жирафа:

«Я не помню, были ли это его стихи, но неожиданные рифмы заставляют меня так думать, хотя я не знаю, когда они были написаны. Я помню строчки: "Кенгуру смешная очень. Руки вдвое короче, но за это у ней ноги вдвое длинней" и "Жираф-длинношейка — жирафу-мать есть жирафенка за что обнимать"»*[2].

---

* Из стихотворения «Что ни страница, то слон, то львица», наброски строк 49–53 о жирафке и 39–45 о кенгуру сделаны на путеводителе по Нью-йоркскому зоопарку (Popular official guide to the New York Zoological Park, 1925). Хранится в Гос. музее В.В. Маяковского.

Они провели день в зоопарке и вечером вместе поехали обратно на Манхэттен.

«Из нашего первого вечера вдвоем я помню, что мы пошли в центр обедать. Мы пошли к нему на квартиру, у него было много книг. У него были целые чемоданы его работ. Он вел себя со мной абсолютно корректно, и мне было очень … интересно и хорошо … без какого-либо алкоголя. Он сказал: "Я хочу увидеть вас завтра"».

Он хотел полностью монополизировать все время Элли. Видимо, такова была его манера общения с женщинами. С самого начала Элли и подумать не могла, что их отношения могут продлиться долго. По крайней мере, на таком эмоциональном уровне. Они не просто влюбились друг в друга. Они оба слишком сильно любили Россию. Поэзия, патриотизм и страсть. Какое сочетание!

На седьмом небе

Не случайно Татьяна Ивановна Лещенко-Сухомлина думала, что они составляли прекрасную пару. Элли была гордой, независимой, хорошо образованной — не какая-нибудь там фанатка. Она была начитанной и всегда готовой выучить новое. С ней было интересно.

«На следующий день он снова зашел за мной. Он сказал: "Мне надо сходить в редакцию газеты. Надо разобраться с некоторыми делами". Мы пошли на 14-ую улицу. Я не помню, была ли это русская или еврейская газета. В то время в Нью-Йорке были русские газеты, которыми владели евреи. Они принимали активное участие в приезде Маяковского в Америку*. Я встречалась с издателями и владельцами позже, а тогда он сказал: "Подождете меня в этом ресторане?" И он отвел меня в «Хорн и Хардарт». Я раньше никогда не была там. (Она засмеялась, вспомнив об этом.) Я бывала в дорогих нью-йоркских ресторанах, но это было другое. Я сидела в

---

* На углу 14-й улицы и Юнион-сквер была редакция газеты «Новый мир», в которой работал тогда Давид Бурлюк. Газета печатала объявления о выступлениях Маяковского, письма читателей к нему, отрывки из произведений поэта. Брошюры, о которых упоминается ниже, очевидно, изданные Бурлюком книжечки Маяковского «Американцам для памяти», «Открытие Америки» и «Солнце в гостях у Маяковского».

этом ресторанчике — типичная «деревенская девушка», — а все проходили и глазели на меня, пока я пила свой кофе с пирожным. Казалось, я ждала его целую вечность. Он не понимал, что за место было «Хорн и Хардарт» в этом районе города. Мне было не по себе. Там было так неприятно. Я была уже в дверях, когда он вышел. Он задержался, потому что надо было просмотреть ... маленькие брошюрки, которые собирались продавать на его лекциях. Позже я увидела, что то стихотворение, которое я попросила объяснить мне, было в этой книжечке. Мне это польстило. Это должна была быть лекция специально для меня, чтобы объяснить, показать, как он пишет стихи».

Возможно, именно интерес Элли к его поэтическому мастерству подтолкнул Маяковского в 1926 году написать эссе «Как делать стихи?». Я думаю, что нужно очень глубоко и хорошо знать мысли, сердце и душу поэта, чтобы понять, как и почему некоторые переживания отражаются в поэзии и почему подобраны именно эти слова и образы, а не другие. Элли продолжала свои воспоминания об их романтическом рандеву:

«С того дня я видела его каждый день, и я бы сказала, что все это время я была на седьмом небе. В одном стихотворении Маяковский пишет: «Иду и звеню», а я помню, что у него были металлические набойки на ботинках, и он на самом деле звенел, когда мы шли с ним по улице. Он тяжело ступал на каблуки из-за своего большого роста. Я ходила совершенно бесшумно. Просто летела рядом с ним на седьмом небе. Мы шли к нему, а не ко мне. Моя хозяйка была бы по меньшей мере шокирована, увидев нас вместе!

После этого он заходил за мной каждое утро, и мы проводили день вместе, читая и гуляя. Нас постоянно куда-нибудь приглашали. Он везде брал меня с собой, мог бы, но никогда не оставлял меня одну.

Однажды утром он позвонил, чтобы сказать:

Служанка только что ушла.
Твои заколки *кричат* о тебе!
Маленькие просто *визжат!*»

Таким был его трогательный призыв, и она летела к нему, не задумываясь о будущем. Настоящего было достаточно.

ЧАСТЬ V

ВЛЮБЛЕННЫЙ МАЯКОВСКИЙ

Говоря современным языком, Маяковский с Элли были «вместе» с первого же дня. Он взял с нее обещание, что она не будет встречаться ни с кем, кроме него. Она дала ему обещание и сдержала его. Они бывали вместе на Бродвее, на вечеринках в Гарлеме, в Гринвич Виллидж, в кемпе «Нит гедайге», на двух лекциях в Нью-Йорке, на обедах в дешевых американских ресторанах и в национальных армянских и русских ресторанах. Они вместе ходили к Майку Голду, Тальми, «большому [Давиду] Бурлюку», «отцу» русского футуризма, который обосновался в Америке.

Со дня их знакомства Элли нигде (за исключением работы в выставочном зале на Седьмой Авеню) не бывала без него. Пока он был в Америке, они созванивались по телефону и переписывались телеграммами. Их отношения дважды нарушались серьезными ссорами — взаимное непонимание, которое возникает, когда влюбленные узнают друг о друге вещи, которые их удивляют и расстраивают. Так было и с ними. Однажды Маяковский вынудил ее рассказать, что о нем сказал Хургин: «Он сказал, что ты «установишь осаду только ради спортивного интереса» и что ты «настоящий соблазнитель», и я вижу, что он был прав».

Но сможет ли женщина отказаться от мужчины по причине того, что другой мужчина сказал, будто бы он «опасен»? Я такого не встречала. На самом деле происходит обратное; это своего рода вызов. Так случилось и с Элли, которая все сильнее и сильнее, и безнадежнее запутывалась в этих сетях. Маяковский продолжал свою «осаду» даже после двух серьезных конфликтов. Один из них был запечатлен на рисунке, который Маяковский с раскаянием отдал ей, хотя открытки «на каждый случай» были уже широко распространены. Они ссорились дважды и дважды воссоединялись. Как и у других парочек, такие «воссоединения» делали их ближе друг другу. Татьяна Ивановна права: они любили друг друга. Но Товарищ История была не на их стороне.

Маяковский и Давид Бурлюк с сыновьями
Давидом и Никифором (Ники). 1925.

Обеды у друзей

Маяковский был желанным гостем во многих домах. Если учесть его стесненные финансовые обстоятельства, то это, видимо, было очень удобно. Он любил навещать своих друзей и проводить время в семьях, где были дети. Элли помнит, как они ходили к Тальми и к Бурлюкам.

Обед у Тальми

Леон Тальми был корреспондентом ТАСС*. У них с женой Соней был маленький ребенок. Элли с особым удовольствием вспоминала вечер, проведенный у них:

«Однажды Маяковский предложил мне познакомиться с Тальми и его семьей: «Это милейшие молодые люди. У них есть ребенок.У тебя тоже была большая семья. Я уверен, они тебе понравятся». Это были молодые евреи из российской интеллигенции, они явно радовались Маяковскому, который чувствовал себя совершенно свободно в их доме — он был именно таким нежным и мягким, каким я его знала и любила. Тальми тоже очень тосковали по родине, особенно Соня, которая ничем не занималась».

Сонины воспоминания об этом вечере в VI части книги, в главе Кемрада.

Воскресный обед в Бронксе с Бурлюками

Давид Бурлюк был давнишним и ближайшим другом Маяковского. Выдающийся художник и поэт, он был среди первых, кто заметил и оценил великий талант Маяковского. Их тесная дружба продолжилась в Америке, и они часто проводили время вместе. Бурлюк очень ревностно относился к Маяковскому и, несмотря на свой ломаный английский, настаивал на том, чтобы быть его переводчиком. Элли часто приходилось «перепереводить» за ним. Как вспоминала мама, Маяковский сказал ей: «Мы должны сходить туда на обед». Это был день, когда оба, Маяковский и Бурлюк, нарисовали ее портрет.

---

* Л. Тальми сотрудничал также в газете «Фрейгайт» и перевел вместе с Дж. Фрименом стихотворения Маяковского «Наш марш» и «Приказ по армии искусства» на английский язык (1925).

Элли Джонс.
Рис. В.Маяковского 1925.
© П.Томпсон

Элли Джонс.
Рис. Д.Бурлюка. 1925.
© П.Томпсон

Она рассказывала:

«Они постоянно «разговаривали на своем языке», пока рисовали меня. Я вскоре поняла, что Бурлюк стремился отразить в искусстве ощущение движения и поэзии. Русский язык, говорил он, может достигать компактности посредством пропуска предлогов и сжатости, которая напоминает японские хокку. У меня есть маленькая книжечка рисунков и стихов Бурлюка «Маруся-Сан», которую он торжественно вручил мне по какому-то поводу».

Маруся (Мария Никифоровна) Бурлюк была Эллиной землячкой: она, как и Элли, родилась под Уфой. Одно из стихотворений, посвященных ей, казалось Элли особенно трогательным. Оно называлось «Костер в лесу» (1912) и заканчивалось словами: «Знать твоих девичьих ручек дело — Холод, мрак, угрюмость переплавить в снег».

Маяковский рассказал Элли, что жена Бурлюка зарабатывала деньги на публикацию стихов мужа. Эта женщина, которая училась в Смольном институте (привилегированном заведении для дворянских девочек), не считала для себя унизительным работать руками, чтобы издать стихи мужа.

71

Мама видела в этом истинный признак дворянства.

Бурлюки жили в доме без лифта на Харрисон-Авеню в Бронксе. Поскольку ни Маяковский, ни Элли не знали, как туда добраться, Бурлюк сам за ними приехал. В квартире их любезно приветствовала жена Бурлюка с двумя сыновьями, Давидом и Никифором (Ники). Элли решила, что им «около десяти или двенадцати лет». Она помнит большой кабинет с картинами Бурлюка. «Это комната, где мы храним папины обещания!» — сказал один из мальчиков. Элли тогда подумала, что только сильная женщина может сохранить семью художника. Маруся Бурлюк делала для этого все, что можно было сделать. Элли говорила, что она была «культурной женщиной, четко осознающей жизненные ценности. Мне бы очень хотелось стать ее подругой». Когда Элли попыталась предложить ей свою помощь с посудой, она отправила ее с мужчинами на крышу.

Для некоторых жителей Бронкса крыши до сих пор остаются местом, куда поднимаются, чтобы отдохнуть от летней жары. К ним присоединился еще один человек. Элли подумала, что он, возможно, был фотографом из газеты. Теперь не только Маяковский и Бурлюк рисовали ее, но и запечатлел фотограф. У меня есть рисунок Бурлюка цветным карандашом, «сделанный в треугольнике», и фотография Элли, где она сидит в тот день на крыше. Первый раз этот портрет выставлялся в художественной галерее Леман-колледжа по поводу 100-летия Маяковского. Фотография публиковалась в «Эхо планеты», но ее значение понятно только в сопоставлении с рисунками Бурлюка и Маяковского, написанными в тот же день. На фотографии у нее горделивый взгляд, ее руки легко лежат на коленях (она была манекенщицей, которая также демонстрировала аксессуары для рук, и Маяковский любил целовать ее руки и пальцы).

Маяковский не хотел показывать Элли свой рисунок. Он так никогда и не сделал этого. Она не понимала, почему. Бурлюк забрал рисунки себе, отдав некоторые свои Маяковскому и подарив один Элли. Почти через пятьдесят лет (в 1975 или 1977) мама наконец увидела копию рисунка Маяковского. Он был опубликован в книге, которую среди других она вдруг обнаружила в венском книжном магазине*. Она купила тогда два тома работы о Маяковском, но позже узнала, что существовал еще и третий том. Она заказала и его. Когда его прислали, она впервые увидела этот портрет. Она ощутила, что картина смотрит прямо в ее душу:

---

* См.: Перцов В. Маяковский: жизнь и творчество. Т. III. М., 1972. С. 34.

В.Маяковский
Рис. Д.Бурлюка

«В этой книге — трехтомной биографии, написанной Перцовым, — был рисунок, которого я никогда не видела. Автор пишет, что впервые он был опубликован в мемуарах Бурлюка. По-видимому, всю информацию или скорее дезинформацию обо мне они получили из работы Бурлюка. Может ли кто-нибудь понять мои чувства, когда я открыла книгу и впервые увидела этот рисунок по прошествии стольких лет?»

Какой поток воспоминаний, какая волна боли, любви и печали охватили ее! Я спросила, мог ли Бурлюк намеренно, в целях ее безопасности, не написать о ней подробнее, не сказать ничего более определенного. Она ответила: «Возможно. В то время мне бы это только повредило». Товарищ История играет в жестокие игры с обычными людьми, не допуская никаких поблажек гениям!

Сравнение портрета Бурлюка, рисунка Маяковского и фотографии на крыше подтверждает, что они были сделаны в один и тот же день. На всех один и тот же маленький воротничок. Густые каштановые волосы, вскоре коротко обстриженные, собраны сзади, выделяя большие выразительные глаза васильково-синего цвета. Я позже узнала, что мама постриглась в знак печали по поводу отъезда Маяковского. У меня до сих пор хранится ее коса, которую она отрезала незадолго до его отъезда. Когда они познакомились, у нее были длинные волосы, которые она закалывала в пучок. Рисунок Маяковского отражает все ее внутренние переживания — возможно лучше любого стихотворения. Этот портрет был нарисован Маяковским для себя, не для чужих глаз. Где он сейчас неизвестно. Мог ли он быть среди бумаг Маяковского, которые уничтожила Лиля Брик после его смерти?

Джульетта Стапанян (1986) пытается определить связи между вербальным и визуальным выражением в творчестве Маяковского. Многие ли творцы могут, беря в руку перо, выбирать, нарисовать ли им картину, плакат, или написать стихотворение, пьесу, сценарий фильма или лозунг? Если Маяковский сам не хотел разделять искусство и жизнь, то биографы, не обращающие внимания на такое его отношение к творчеству, могут упустить многие важные моменты. Стапанян называет Маяковского «поэтом, идущим от живописи». В этом случае, для тех, кто понимает, как это читать, рисунок несет в себе эмоциональный посыл художника. Он был художником-портретистом, идущим от поэзии.

Элли Джонс.
Рис. Д.Бурлюка. 1925.

75

Бродвей

Стихотворение «Бродвей» — одно из самых известных произведений Маяковского о Манхэттене. Элли вспоминает:

«После недолгого знакомства с Маяковским, дав обещание видеться только с ним, я не встречалась ни с кем из моих друзей, кроме Пэт. Она знала и Хургина и Маяковского. Она тоже недавно приехала в Америку и понимала, что такое тоска по родине. Я чувствовала, что она любит меня так же, как и я ее, потому что она была на редкость бесхитростным человеком и в то же время трогательно амбициозной. Увлекалась театром. Она относилась ко мне с некоторой долей покровительства, но без снисходительности. Она жила в отеле на Медисон-Сквер, недалеко от Пятой Авеню, 3.

На Пятой Авеню, напротив Медисон-сквер, находился ресторан «Чайлдс», где я обычно обедала. С Маяковским мы бывали и там, и в других дешевых ресторанах. Он был самым бедным мужчиной, какого я знала. Никто больше никогда не водил меня в такие места. Пэт тогда работала в одном из бродвейских шоу — в «Скандалах» Джорджа Уайта, мне кажется. Но я не уверена. Она была шоу-герл, которой надо было выглядеть красивой почти обнаженной. У нее были свои темно-рыжие волосы и белая кожа. Ее карие глаза, казалось, отливали зеленым. Высокая и грациозная, она также обладала и внутренней красотой. Для меня она была верным и тактичным другом, особенно позже, когда я была беременна и осталась совсем без денег.

Однажды вечером мы (Маяковский и я) провожали Пэт до театра. Мы любили гулять. Пэт с Маяковским могли говорить только на ломаном французском и английском или с моей помощью как переводчика. Маяковский пытался заставить ее рассказать о закулисной жизни Бродвея. Тактично — но настойчиво — он задавал вопросы, которые сводились к тому, *должны* или нет девушки развлекать «сахарных папочек» и «butter-and-egg men»*, как их тогда называли. Мне было неудобно, но я продолжала честно переводить. Пэт сказала, что никто не заставляет девушек работать на вечеринках, но обычно они были рады этой возможности побольше заработать. Если ты подбиваешь своего кавалера выпить, то ты обычно становишься владельцем ситуации.

---

* мелкие торговцы

К тому моменту, как мы дошли до театра, Пэт уже довели эти расспросы. Она положила руку на плечо Маяковского, погрозила ему пальцем и сказала: «Не волнуйся обо *мне*. Я сама могу о себе позаботиться. Как насчет *тебя?* Не вздумай обидеть Бетти». Она потрепала его по плечу. На его глаза навернулись слезы. Он взял ее палец и, целуя его, сказал на ломаном английском: «Я не хотеть обидеть Бетти. И я никогда специально этого не сделаю. С *ситуацией* мы ничего не можем поделать»».

Патриция Ливенгуд, которая прогуливалась по Бродвею с Элли и Маяковским.
Рис. О´Брайена. 1928.
© П.Томпсон

Они продолжили прогулку вдвоем. Она помнила, как тогда он нашел строчку для стихотворения «Бродвей»: «На север с юга идут авеню, на запад с востока — стриты». Они шли за руку по Пятой Авеню, направляясь к центру, но еще не дошли до шумной части города.

Дома или во время прогулок Маяковский всегда продолжал работать. Он сочинял вслух, бормотал, «пробовал слова». Они оба были бедны и поэтому много бродили, держась за руки, он нес ее коробку со шляпками, в которых она выступала на подиуме. Он особенно любил гулять по Пятой Авеню днем, а по Бродвею — ночью.

Асфальт — стекло.

         Иду и звеню.

Леса и травинки —

         сбриты.

На север

         с юга

         идут авеню,

на запад с востока —

         стриты.

А между —

         (куда их строитель завез!) —

дома

      невозможной длины.

```
                  Одни дома
                               длиною до звезд,
                  другие —
                               длиной до луны.
```

Огни горели вокруг них. Элли говорила, что он всегда очень восхищался огнями — их яркостью. Немного к северу от нас, вспоминала она, сверкала казавшаяся вечной реклама кофе «Максвел Хаус».

```
                  Но,
                       как барабанная дробь,
                  из тьмы
                             по темени:
                                   «Кофе Максвел
                  гуд
                       ту ди ласт дроп»*.
```

Пэт ушла. Маяковский обнял Элли, сказав: «Смотри, детка! Как радостно, живо, и я ведь не написал *ничего* лучше этой рекламы. Но кто ее придумал? Меня хвалят за мои стихи для рекламы, но мне порой почти невозможно доказать, что они тоже — творчество».

Гарлемская ночь

Среди маминых бумаг есть обтрепанная вырезка из апрельского номера «Нью-Йорк Таймс» (1925, стр. неизвестна). Статья называется «Гарлемские русские ночи». Многие русские эмигранты поначалу селились в районе Медисон-Авеню и 125-ой улицы Гарлема. В статье описываются события в епископальной церкви Св. Андрея. Елизавета Дж. Стерн писала, что в Гарлеме было около 3000 русских из интеллигентского и аристократического сословий: офицеры, люди разных профессий, художники и титулованные дворяне.

В те времена русские и афро-американцы жили в одном районе. Они составляли одно общество. Согласно Ларсону:

«В течение целых десятилетий до кризиса 1929 года ... "Гарлем был Парижем Черной Америки". Как Париж тех лет казался миром кочевников, так и Гарлем был сообществом реальных и метафорических бродяг. Негры, которые со вре-

---

* «Кофе Максвел хорош до последней капли» (VII, 57). Известны слова Маяковского о том, что он считает «Нигде кроме, как в Моссельпроме» поэзией самой высокой квалификации.

мени Реконструкции* перемещались на север, и наплывы эмигрантов из воюющих стран Европы принесли с собой свои сельские традиции и преобразовали их. Южное красноречие вскормило новое общество поэтов и писателей: Ленгстон Хьюз**, Каунти Куллен, У.Э.Б. Дюбуа, новеллистка Зора Нил Херстон, гарвардский философ Алан Локе. На другом конце социальной лестницы хриплые члены нового кафейного общества брали черную музыку, приспосабливали ее к городским условиям жизни и отправляли ее завоевывать мир» (1987. С. 74).

Мама вспоминала, как они ходили на вечеринку в «негритянский клуб»; и это было самое красивое место и самая «элегантная» вечеринка, на которую они когда-либо ходили вместе с Бурлюком. Все происходило «во дворце — не в обычном доме из ряда других таких же домов», — говорила она. Она удивилась, увидев всех женщин в вечерних платьях. Никто не предупредил ее об этом, хотя у нее и было одно-два вечерних платья для посещения Лондонского театра. Она не знала, был ли у Маяковского смокинг. Они оказались там втроем — Элли, Бурлюк и Маяковский, — единственные «кавказцы»*** на вечере. Маяковский, родившийся на Кавказе, был самым настоящим кавказцем. Они были в одежде «на каждый день» посреди пыш-

---

* Реконструкция Юга — период, когда после Гражданской войны южные штаты снова входили в состав Соединенных штатов. В правительстве появилось много негров, были одобрены три поправки к Конституции, запрещающие рабство, дающие избирательные права для негров и т.п.

** Ленгстон Хьюз (1902–1967) — негритянский писатель и социолог, автор стихотворных книг; Уильям Эдуард Бёркхардт Дюбуа (1868–1963) — писатель, автор романа «Черное пламя», в 1910–1948 годах руководил Национальной ассоциацией содействия прогрессу цветного населения. С Маяковским встречался и другой известный негритянский писатель Уильям Карлос Уильямс, вдохновленный услышанным стихотворением «Блек энд уайт» и обликом поэта: «Он был крупного телосложения и во время чтения опирался ногой на скамейку. Эта поза была совершенна. У него хороший голос, и, хотя никто ничего не понимал, все были под впечатлением от сталкивающихся звуков, каждый из которых значителен... Правда, две юные девушки, как оказалось, восхищались его ростом. Для меня же это стихотворение прозвучало как «Одиссея» из уст страстного, вдохновенного певца» («Я земной шар чуть не весь обошел...» / Сост. В.Н.Терёхина и А.П.Зименков. М., 1988. С. 239).

*** «кавказцы» (cacasian) — слово, приспособленное афро-американцами для обозначения белых.

ных нарядов: некоторые мужчины были в офицерской форме — знак аристократии у русских. Были ли *эти люди* революционерами? Элли никогда не встречала на нью-йоркских вечеринках негров. Она никогда не задумывалась об этом, полагая, что еще не было негров, которых как равных приглашали бы на такие вечеринки. В конце концов гражданская война (в Америке) закончилась немногим больше 60-ти лет назад, а подъем по социальной лестнице всегда занимал много времени:

«Но вот они были здесь … сверкающие. Величественные. Талантливые. Звучала музыка и пение. Люди танцевали в зале. Одна леди дала Бурлюку пощечину. Маяковский не танцевал. Я тоже. Я объяснила, что меня воспитали в таком духе, что танцы считались грехом, и я так и не научилась танцевать ничего кроме вальса и европейских бальных танцев. Кто-то показал мне, как танцевать чарльстон. Я чувствовала себя неуклюжей и неловкой в отличие от хозяев праздника».

Для Элли как для новичка в Америке это стало первым знакомством с негритянской культурой. Люди, с которыми она здесь встретилась, оказались по русским стандартам более культурными и образованными, чем все, кого она знала в Америке (за исключением, может быть, тех, с кем ее знакомил Чарльз Рехт). Они издавали журнал. Они даже знали Пушкина и предлагали основать пушкинскую премию, считая Пушкина одним из них, как и должны были. В 1924 году, за год до посещения Гарлема, Маяковский написал в своем стихотворении к пушкинскому юбилею:

Я люблю вас,

но живого,

а не мумию.

Навели

хрестоматийный глянец.

Вы

по-моему

при жизни

— думаю —

тоже бушевали.

Африканец!*

---

* «Юбилейное», VI, 54–55.

Ларсон отмечает:

«Положение черных художников в двадцатые годы было одинаковым со всеми, кому не случилось родиться белым европейским или американским мужчиной на короткой ноге с «Cafe de la Paix»*. Намного сильнее, чем музыка, танец, даже литература, визуальное искусство в своем значении зависит от связи с историей идей. Кроме блюза и джаза, Гарлем в двадцатые годы все еще оставался обществом размышляющим" (1987. С. 74).

Элли видела, как один черный джентльмен по имени Льюисон тихонько покинул дом «Доктора Девидсона», когда вошли society collers**. Но что же это за очаровательные, талантливые люди? Лишь немногие из них были «полноценными африканцами». Они больше были похожи на ее подругу, Лену Святополк-Мирскую (потомка Пушкина), которую приняли в русскую аристократию. В Америке кое-что не вписывалось в рамки демократии. Элли могла понять классовые разграничения. В конце концов разные устои, разные культурные горизонты создали «молчаливые барьеры», но почему цвет человеческой кожи создает такие барьеры, она понять не могла. Такое же отношение она внушила и мне. Кроме того, разве не благодаря царским указам о Ганнибале появился величайший художник русского языка — как говорят, вплоть до Маяковского. Но если Пушкин прилагал все усилия к тому, чтобы использовать только русские слова в своем «Евгении Онегине» и извинялся за иностранные, Маяковский вставлял в строки английские слова в своем цикле стихов об Америке. Но в эссе «Мое открытие Америки» его комментарии по поводу положения афро-американцев имеют актуальное звучание и сегодня:

«Американцем называет себя белый, который даже еврея считает чернокожим, негру не подает руки; увидев негра с белой женщиной, негра револьвером гонит домой; сам безнаказанно насилует негритянских девочек, а негра, приблизившегося к белой женщине, судит судом Линча, т. е. обрывает ему руки, ноги и живот жарит на костре …

Почему американцами считать *этих*, а не негров, например?

---

* «Кафе мира» (*фр.*).
** люди из общества (*англ.*).

Негров, от которых идет американский танец — фокс[трот] и шимми, и американский джаз! Негров, которые издают многие прекрасные журналы, например «Opportunity»*. Негров, которые стараются найти и находят свою связь с культурой мира, считая Пушкина, Александра Дюма, художника Генри Тэна и других работниками своей культуры.

…Почему неграм не считать Пушкина своим писателем? Ведь Пушкина и сейчас не пустили бы ни в одну «порядочную» гостиницу и гостиную Нью-Йорка…"**

Маяковский провел в Америке так мало времени, но при этом его презрение к двуличности и классовому разделению в сочетании с сочувствием к страданиям других людей позволили ему с удивительной проницательностью увидеть одну из наиболее трудноизлечимых болезней Америки.

Вечеринка у Майка Голда

Вместе с Маяковским Элли ходила на вечеринку к Майку Голду, издателю «Нью мэссес»***. Маяковский бывал там и раньше. Она вспоминает:

«Там сначала выпивали, а потом были чтения. Майк Голд прочитал что-то очень эмоциональное. Читали и другие. Потом должен был читать Маяковский. Конечно, некоторые говорили по-русски. Бурлюк, как обычно, исполнял роль заводилы и переводчика, а Маяковский читал — что, я не помню. Но все ахали и охали, и как всегда заваливали меня вопросами и приглашениями. Я объясняла, как могла, но отклоняла приглашения, отсылая их к Маяковскому и говоря, что никуда без него не хожу.

---

* «Возможности» (англ.).

** VII, 328–329.

*** Майк Голд (Ирвинг Гранич, 1894–1967) — писатель, автор популярного в СССР романа «Еврейская беднота». Брал интервью у Маяковского для газеты «Нью-Йорк уорлд» (9 августа 1925): «Сейчас этот молодой человек живет близ Вашингтон-сквер, по вечерам ходит в негретянские кабаре Гарлема или в бильярдную на 14-й улице». Позже он писал: «Нью-Йорк еще воздвигнет памятник в честь его посещения». Редактором журнала «Нью мэссес» был Джозеф Фримен, вспоминавший в книге «Американский завет» о вечеринке в частном доме в честь Маяковского, где пили, танцевали, где Маяковский читал свои стихи и поднял Фримена до потолка: «Это было типично для веселых двадцатых годов — джазовые пластинки, джин-самогон, танцы без пиджака».

Вскоре женщина, которую он называл Челси, тоже обратилась ко мне в какой-то кошачьей, я бы сказала, манере. «Челси» — телефонная подстанция в Нью-Йорке. Я не знала, что это было имя девушки. Я заметила, что Маяковский направился ко мне, довольно обеспокоенный. Челсия сказала, что видела, как он нес мою черную коробку для шляпок. «Великий Маяковский несет коробку какой-то модели». Она засмеялась. Поскольку Маяковский не говорил по-английски, я честно перевела ее слова и спросила его по-русски, не стоит ли мне уйти. «Нет, мы не можем уйти, — ответил он. — Майк обидится».

После достаточного количества выпитого вечеринка стала очень gemütlich (уютной), а gemütlich здесь (как и на многих других вечеринках, где бывал Маяковский) означало пение. Насколько я помню это происходило на верхнем этаже дома в Гринвич Виллидж. Люди сидели на полу. Начали с «Марсельезы» и «Интернационала», может быть, спели траурный марш. Исчерпав весь свой репертуар, они начали петь грустные песни на идиш. Одну, «Alle Tage Bulba», я помню до сих пор — «В понедельник картошка … Во вторник картошка … и в субботу картошка. Картошка каждый день». Это, по-видимому, была их любимая песня.

Пение за ужином в Гремерси-Парк

Приглашения приходили из всех слоев общества. Элли описывала праздничный обед в фешенебельном Гремерси-Парк:

«Чтобы дать представление, в каких разных местах мы бывали, расскажу, как однажды нас пригласили (должно быть был конец лета) на вечеринку на скалистом холме. Очень богато. Дом шикарно обставлен. Мы ели за настоящим столом для приемов. Я подозреваю, что обед был приготовлен в соседнем отеле. Одна из элегантно одетых дам заявляла, что была подругой Айседоры Дункан. Разговор шел об Айседоре и Есенине, и Маяковского спросили, что он думает о Есенине. И снова я заметила смущенную усмешку на его лице, но он взял себя в руки и извинился: «Языковой барьер не позволяет мне адекватно ответить на вопрос». Потом его попросили почитать стихи, что он и сделал. Это было невыносимо. Представьте, что вас просят почитать стихи во время ужина. В стороне от нас сидели два молодых русских джентльмена — один с гитарой. Их попросили спеть. Я посмотрела на Маяковского, молча умоляя его не устраивать сцены.

К еще большему дискомфорту Маяковского и двух молодых «князей», сидевших теперь у моих ног, «подруга Айседоры» села за пианино и исполнила французский *шансон*. Во время всего этого хозяйка, женщина средних лет, выглядела скучающей, созерцая всю сцену (как казалось) вполне объективно. Во время маленькой паузы Маяковский вскочил и объявил по-русски: «Я вижу, что Елизавета Петровна очень устала. Извините нас. Нам пора отправляться домой». Ко всеобщему удивлению мы ушли в самом начале вечеринки. Может, я просто не «party girl»*.

Происшествие в лагере «Нит Гедайге»

Другое известное стихотворение из «Американского цикла» Маяковского называется «Кемп "Нит Гедайге"». Мама опровергала тех, кто писал, что они с Маяковским провели в лагере «Нит Гедайге» три дня. Это был всего лишь один день, и он закончился ссорой. Маяковский попросил ее поехать с ним на воскресенье в лагерь для детей рабочих, и сказал, что назад привезет «пятьдесят долларов в зубах». «Нам этого, — сказал он, — на неделю хватит». Она была в восторге от идеи выехать за город, посмотреть на детский, как она думала, лагерь. Это произошло 28 сентября 1925 года. Она вспоминала:

«Был чудесный день, и мы уезжали на поезде с вокзала Гранд-Сентрал. На станции кто-то встретил нас на машине. Нам сказали, что дети будут выступать, а Маяковский должен был читать вечером. Мы могли оставаться там, сколько захотим. Это нас с Маяковским тоже удивило. Потом нас окружила группа мужчин. Некоторые из них, как я знала, были связаны с газетами. Нас пригласили на обед. Я даже помню, что мы ели вегетарианскую пищу — печеную картошку, жареные порезанные кабачки и пахтанье. Очень вкусно и дешево (я подумала о лагерном бюджете.) После обеда, вместо того, чтобы познакомить меня с женщинами, заведовавшими лагерем, мужчины проводили нас к палатке. В ней было две койки. Я чувствовала себя оскорбленной. Маяковский был смущен. Они относились ко мне так, как будто я была там только для того, чтобы у Маяковского был партнер для секса! «В чем дело? — спросила я. — Они что, устраивают для нас свиданку? Я приехала посмотреть лагерь, а они кладут меня в одну палатку с тобой. Я не думаю, что могу

---

* девушка для вечеринки (*англ.*).

оставаться здесь даже 'до первого дождя', и я процитировала старинную русскую пословицу «С милым рай и в шалаше — до первого дождя».

Я вышла наружу и легла на траву. Пока я «закипала», Маяковский, как обычно, что-то записывал в записную книжку. Потом он вышел, мы снова куда-то шли в окружении той же компании. Маяковский и «большие парни» шли впереди, а я замыкала шествие в окружении молодых людей. Несмотря на то, что мои компаньоны упорно пытались меня развлечь, видимо ощущая мою неловкость, я все равно слышала беседу впереди. Один из мужчин обвинил Маяковского в «юдофобии». Я точно запомнила это слово, потому что слышала его впервые. Моментально прозвучал ответ Маяковского: «У меня *жена* еврейка».

Мои собеседники тоже это слышали и тоже смутились. Я видела, как они разрывались от любопытства по поводу моих с ним отношений. Один молодой человек сказал: «О, так он женат». Тогда я сказала: «Я тоже замужем». Я разозлилась не только на этих людей, но и на Маяковского. Как-то прошел вечер и программа — ничего из этого я не помню. Я была оскорблена и очень обижена.

Но долго злиться на него я не могла … Ведь в самом деле, как корова может есть зеленую траву и давать белое молоко? Я совершенно не помню там Бурлюка. Но тогда я была расстроена и обижена по двум причинам. Это было самое худшее из того, что мне пришлось испытать в общении с американцами — грубыми, какими были некоторые из них. И эти люди были коммунистами или по меньшей мере социалистами, они боролись за лучшую жизнь, в которой женщину бы считали человеком».

Элли не понимала, как социалист мог быть «сексистом». Маяковский был настолько обескуражен и задет несправедливым обвинением в антисемитизме, что не учел, какие чувства могли вызвать его слова у Элли. В тот момент они думали каждый о своем. Хотя он никогда не был женат на Лиле Брик, он вполне четко определял их отношения. Его слова прозвучали для Элли как предупреждение о том, что он признает свою привязанность к другой женщине — той, влияние которой, по свидетельству биографов, затмевало многих других. Лиля Брик, порой хитрая и расчетливая, порой добрая и щедрая, как поняла потом мама, не слишком ревновала его к

85

другим женщинам, потому что, возможно, не любила по-настоящему, но хотела владеть и управлять им. С появлением Элли частичка Маяковского выскользнула из-под влияния и контроля Лили Брик. Новая любовь поселилась в его сердце с рождением его «дочки».

Ссора влюбленных

По настоянию Элли они уехали из лагеря «Нит Гедайге» последним поездом:

«Я не позволила ему меня проводить и не пошла к нему. Он написал стихотворение «Кемп "Нит Гедайге"», но там не было ни слова о том, что произошло между нами. Люди, которые утверждают, что мы оставались там три дня, просто не знают, что говорят. Не было такого.

На следующий день я искала работу. Я чувствовала, что слишком привязалась к Маяковскому. Кроме того, мне надо было как-то жить. К чему все это должно было привести? Ведь я до сих пор жила в квартире, которую снимал для меня Джордж Джонс. Я нашла работу — в те дни работы для моделей было предостаточно. Надо было только заглянуть в «Нью-Йорк Таймс», и рекламы там сообщали нужные им размеры и вес. Приходишь, и если ты им понравилась, просто начинаешь работать!

Я не звонила Маяковскому. В такой ситуации я никогда в жизни не позвонила бы ни одному мужчине. От него тоже ничего не было слышно, потому что меня целый день не было дома.

Немного позже, может в среду, хозяин его квартиры позвонил мне рано утром. Он сказал: «Я не знаю, кому звонить, но мистер Маяковский болен, и мы очень волнуемся. Как вы думаете, что делать? Он уже три дня не выходит из дома». Тогда я сказала: «Хорошо, я сейчас приеду». По дороге я купила немного еды. Консервированный куриный суп. Что еще? Хозяин открыл мне дверь. Маяковский был там. Лежал, отвернувшись лицом к стене, совершенно разбитый, я уже видела его таким. Естественно, мне стало жаль его.

Он был так рад меня видеть. Я приготовила ему горячей еды, а он сказал: «Не ходи на работу. Не уходи. Не оставляй меня! Я не хочу быть один — пожалуйста! Прости, если обидел тебя. Я вел себя ужасно». Я сказала: «Дай мне закончить с этой работой. Мне правда надо идти. Мне не заплатят, если я не закончу работу. Я обещаю, что приду вечером, как только освобожусь».

В тот вечер я пришла сразу после работы, и, к моему удивлению, Маяковский уже ждал меня. Он взял коробку со шляпками, другой рукой сжал мою руку, и после этого все стало хорошо».

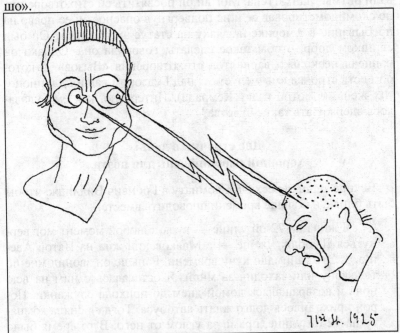

Под молниями Элли Джонс Маяковский склоняет голову.
Рис. В.Маяковского. 1925.
© П.Томпсон

В тот день он нарисовал рисунок, где глаза Элли сверкают, как горящие молнии, ударяющие по его склоненной, бритой голове. Этот рисунок не изображает, как предполагал Янгфельдт (1991. С. 33), «получение вдохновения» от Элли Джонс. Здесь показано, что Маяковский готов покориться желаниям своей возлюбленной. Так поэт выразил свое раскаяние перед любимой женщиной. Происшествие в лагере «Нит Гедайге» было самой серьезной ссорой между ними, и закончилась она не стихотворением об их отношениях, а рисунком (до публикации в 1990 году в журнале «Эхо планеты» его никто кроме членов нашей семьи не видел).

У них все еще оставался один короткий месяц, чтобы быть вместе.

Два русских человека, скучающих по родине, вместе впитывали ритмы Манхэттена. Мог ли он посвятить ей стихотворение, не скомпрометировав ее и не подвергнув опасности: ее право на пребывание в Америке и заявку на статус эмигрантки? Он был слишком добр, чтобы такое сделать, говорила она. Однако он написал несколько вариантов стихотворения «Вызов», в котором есть строчка «мы целуем … над Гудзоном ваших длинноногих жен». (Смотри главу Кемрада). Интересно, как ему удавалось сдерживать такие чувства?

Две строчки в день:
хороший рабочий день для поэта

Вскоре Элли переехала в комнату в Гринвич Виллидж, чтобы быть ближе и больше времени проводить вместе:

«Я жила на 72-ой улице — куда в любой момент мог вернуться Джордж Джонс — а Маяковский жил на Пятой Авеню, 3. Это занимало кучу времени. Раньше он звонил мне по телефону или заходил за мной. Я оставалась с ним на всю ночь и возвращалась домой днем до прихода служанки. Порой приходилось долго ждать автобуса. Тогда я сняла комнату на 12-ой улице, прямо за углом от него. В то время было очень важно появляться вовремя дома!»

Как сам революционный поэт оценивал «продуктивность» своей работы в Америке? Элли вспоминала следующее:

«Однажды утром Маяковский был особенно доволен так называемой продуктивностью своей работы. Он сказал: «Какое замечательное ощущение: знать, что ты что-то делаешь лучше всех в мире. Разве ты не гордишься мной?» Я ответила: «Не знаю, лучший ли ты поэт в мире; может быть есть другой, пишущий на другом языке. Я знаю, что ты владеешь русским языком, как Роден своим материалом. Но я знаю, что ты самый милый и добрый в мире человек, и я всегда буду думать о тебе с любовью». На другое утро он пришел и сказал: «Я работал над стихотворением про *нас*, используя оперенья как символ»*. Я сказала: «Не делай этого. Давай сохраним это для нас. Со стороны *мы* всегда будем выглядеть *пошло*»[3].

Казалось, что у него целые чемоданы набиты книгами и рисунками. Он привез их, потому что думал устроить выставку своих работ, но этого не случилось**. Возможно, никто просто не был готов выставить его грубо антирелигиозные, антизападные рисунки. Но он доставал книгу за книгой и давал читать мне и Бурлюку».

Он также привез переводы своих работ. Она вспоминала:

«Я особенно запомнила одну книгу под названием «Queerschnitt». Немецкие переводы совершенно невежественные, без остроумия, неожиданной игры слов и рифм, присущих русскому оригиналу. По-моему, они были просто ужасны».

Маяковский дал ей однажды книгу, чтобы она показала ее своей хозяйке, приехавшей из Чехословакии. Элли познакомила его с ней, и хозяйка пригласила их на ужин. Таким образом, она его знала, и он ей понравился. Позже она спрашивала: «Как может такой очаровательный джентльмен писать такие ужасные, вульгарные вещи без всякого оправдания?» Элли ответила, как бы извиняясь: «Это, должно быть, вина переводчика, потому что по-русски его стихи хоть и звучат сильно и грубовато (не более, чем у Шекспира, Чосера или Уитмена), но они отличаются умом и юмором».

Хозяйка только головой покачала!

Элли не хотела мешать Маяковскому во время работы, но он любил, чтобы она была рядом, когда он писал. «О, как прекрасно!», — сказала она по поводу одной из книг, не сообразив, что может отвлечь его. Но ему, казалось, был при-

---

* Возможно, имелось ввиду переносное значение «plumes» как поэтического пера (см., например, в автобиографии Давида Бурлюка «Лестница лет моих», глава о футуристическом турне поэтов названа «Турнидо из плюмов»). Тогда понятно желание Маяковского *описать все символически.*

** Официальной поддержкой для получения визы в США служило письмо владельца галереи Вилли Погани о намерении устроить выставку рекламы Резинотреста и Моссельпрома, сделанную Маяковским. В этом помог Маяковскому сотрудник советского консульства в Мексике Леон Гайкис. Вероятно, часть рекламных плакатов и Окон РОСТА осталась в Нью-Йорке (см. каталог выставки плакатов, 1994).

ятен ее восторг, и он попросил зачитать строчки, которые ей так понравились.

«А да … Николай Асеев — чудесный поэт и дорогой друг», — пояснил он.

Однажды утром, как это часто бывало, он прочитал ей законченное произведение. «Вот здорово!», — подумала она. Русские образы в сочетании с несущимся по Мексике поездом:

Смотрю:

    вот это —

       тропики.

Всю жизнь

   Вдыхаю наново я.

А поезд

     прет торопкий

сквозь пальмы,

     сквозь банановые.

Их силуэты-веники

встают рисунком тошненьким:

не то они — священники,

не то они — художники.

Аж сам

 не веришь факту:

из всей бузы и вара

встает

      растенье — кактус

трубой от самовара*.

Он радостно рассказал ей:

«Я столько написал. Знаешь, когда я закончу, отполирую, напишу две строчки за день — значит, я хорошо в этот день поработал, а я ведь так много сделал за эти недели».

Те, кто видит связь энергии поэта с его эмоциональным состоянием, могут считать, что некоторые из своих лучших манхэттенских стихотворений Маяковский написал благодаря отношениям с Элли Джонс. Мама никогда этого не заявляла. Как их дочь, я делаю это вместо нее.

---

* «Тропики», VII, 39.

Враги-друзья: две лекции на Манхэттене

Элли была на двух лекциях Маяковского на Манхэттене. Когда Маяковский появился на сцене, вспоминала Элли, «это был гигант … молодой … сильный … дерзкий». Она называла его «стихийным». В те дни сказали бы, что он обладает «животным магнетизмом». Это было подобно ощущению электрического тока, «телесного электричества», воспетого Уитменом. Позже это назвали «сексапильностью». Сегодня можно сказать — «харизма».

Маяковский был очень искренним и эмоциональным в общении с аудиторией. Микрофонов тогда не было, но ему они и не были нужны. Его хорошо поставленный голос был слышен до самого последнего ряда балкона; каждый слог звучал четко и разборчиво. Такие лекции, по маминому наблюдению, «эмоционально выматывали аудиторию». Сидя в зале и слушая его объяснение, как делать стихи, Элли чувствовала, что эта лекция была для нее одной.

Однажды Маяковский начал поддразнивать ее, говоря: «Ты бы хотела, чтобы я писал, как Пушкин. Я бы не имел у тебя никаких шансов рядом с этим коротышкой». Он взял карандаш и пририсовал на своем портрете бородку и бакенбарды, как у Пушкина. Она на всю жизнь сберегла эти небрежные каракули. Стороннему человеку это, конечно, не покажется чем-то важным, но для нее это значило очень многое. Впервые этот рисунок выставлялся на 100-летие Маяковского в Леман-колледже. Элли вспоминала:

«Я пошла с ним на его лекцию. Он давал две большие лекции в Нью-Йорке. Первая проходила в зале на Ист-Сайд. Было очень много молодежи. В Нью-Йорке, видимо, было огромное количество людей, знающих русский язык. Как только он вошел, начали петь «Интернационал», но он сказал: «Товарищи, товарищи, пожалуйста! *Пожалуйста!* У меня было столько проблем с визой. Нельзя превращать это в политический митинг».

Они хотели, чтобы я заняла место на сцене, но я предпочла сесть в зале. Тогда я впервые услышала, как он читает свои стихи. Магнетизм, говорите? Громкоговорителей тогда не было, только его красивый, сильный, мелодичный голос, полный энергии. А когда он стал читать «Левый марш», весь зал начал отбивать ритм ногами. У меня и сейчас мурашки по коже. Я не знаю, как могла *хотя бы одна* женщина устоять перед ним, ведь он был таким *живым,* таким стихийным. Хотя он не знал никаких языков, и говорил, что ничего не понимает в музыке, но он очень много знал о литературе, о русском языке. И, естественно, его политическая ориентация была марксистская. Он тогда еще не относился к политике критически.

О второй его лекции кто-то — или, может быть, он сам — дал неверную информацию. [Она упоминает: кто-то писал, что это было в Детройте, но Элли присутствовала на лекции на Манхэттене.] В рекламе лекции почему-то говорилось, что он будет рассказывать о русской музыке. Все билеты были проданы. Я сидела в зале. Организаторами были люди из еврейских и русских газет. Маяковский вышел и сказал: «Я *ничего* не знаю о музыке. Я не могу отличить «Боже, царя храни» от «Интернационала»! Мне жаль вас разочаровывать. Если это то, зачем вы пришли, то вы об этом не услышите».

Он говорил таким тоном, что некто маленького роста вскочил и обратился к залу на идиш[4]. Такое часто случалось в России. Лекция превратилась в свободную беседу для всех присутствовавших. Я видела, как Маяковский «зверел и зверел». Наконец, он громким голосом заговорил по-грузински. В зале оказались люди, приехавшие с Кавказа. Они все стали кричать на своем языке, смеясь и аплодируя, радуясь своему родному языку. Бедлам! «Это единственный «иностранный» язык, который я знаю. Почему вы позволяете себе выступать передо мною? Я не знаю идиш», — сказал он этим людям по-русски. Наконец, все успокоились, и лекция прошла с огромным успехом; все кричали, орали и аплодировали.

Предметом был язык, не религия. Маяковский больше всего оживлялся, когда чувствовал, что общался — на самом деле общался с залом. Преднамеренное вторжение незнакомого языка зажгло своего рода соперничество, которое само собой утихло. После лекции вышли все вместе.

Тот самый человек, который первым заговорил на идиш, организовал обед в одном из дешевых русских ресторанов — в «Медведе» или где-то там еще — на Второй Авеню, где люди сидели на скамейках и ели русский борщ. Мы шли к этому ресторану, разговаривая с теми самыми людьми, с которыми он ругался со сцены, и он сказал мне: «Вот это я люблю. Друзья-враги». [Так называлась одна бродвейская пьеса.] Он сказал:

«Друзья-враги! У вас могут быть разные *мнения,* но но ты не можешь иметь зуб на *человека».* И он был тогда так счастлив! На лекциях всегда было много еврейских мужчин, но я никогда не видела среди них женщин, кроме Сони [Тальми]. Видимо, это был просто «мужской мир». И я это запомнила».

Маяковский был так счастлив в обществе друзей-врагов, а Элли — счастлива в его обществе. Это, судя по всему, был тот самый вечер, который описывал критик Луис Рич в «Нью-Йорк Таймс»:

«Душной ночью на той неделе 2000 мужчин и женщин заплатили за вход, чтобы прослушать лекцию [Маяковского] по искусству и чтение его стихов — некоторые из них были написаны в этой стране. Не весь зал был на стороне Маяковского. Истсайдские писатели и поэты чувствовали себя неловко; они не соглашались с его художественными приемами и анархическими методами. Но даже их захватил дух события» (С. 12).

Телеграмма от Лили

Элли отчетливо помнит, как Маяковский получил в Амторге телеграмму от Лили незадолго до своего отъезда. Она говорила, что Лиля, упоминая об этой телеграмме, всегда изменяла ее содержание. «Это очень важно», — не раз повторяла мама:

«Он сидел и писал. Телеграмма от Лили Брик лежала на столе. Она потом часто ее цитировала, но всегда без последнего предложения. Я видела ее и могла бы взять ее»*.

---

* В опубликованной переписке Маяковского и Лили Брик есть телеграмма от 4-го сентября 1925 года в Нью-Йорк: «Куда ты пропал. Лили» (Бенгт Янгфельдт. «Любовь — это сердце всего». М., 1991. С. 141). Ранее, в письме от 26 июля в Мехико-сити она спрашивала: «Интересно — попадешь ли ты в Соед. Штаты! Пиши <u>подробно</u> <u>как</u> живешь (<u>С кем</u> — можешь не писать)» (С. 139). Возможно, была и аналогичная телеграмма, поскольку, судя по указанной книге, за время пребывания Маяковского в США они обменялись тридцатью телеграммами. Маяковский телеграфом перевел Л.Ю.Брик 500, 350 и 100 долларов. Занятые для этого деньги он отдавал до конца жизни. Сохранилась расписка Элли Вульф (Элла Голдберг, 1896–2000), жены члена Коминтерна, историка Бертрама Вульфа: «Получила от тов. Маяковского 700 рублей — ос-

Мама запомнила телеграмму слово в слово по-русски и перевела ее для меня, потому что слова Лили Брик шокировали ее и причинили боль:

КУДА ТЫ ПРОПАЛ? НАПИШИ КАК ЖИВЕШЬ. С КЕМ ТЫ ЖИВЕШЬ НЕВАЖНО. Я ХОЧУ ПОЕХАТЬ В ИТАЛИЮ. ДОСТАНЬ МНЕ ДЕНЕГ.

От этих слов Элли стало противно. Ведь они были так бедны, и она работала, чтобы покрыть их расходы. В то же время она расстроилась и оскорбилась за него. «*С кем неважно*» — как бессердечно это звучит! «*Достань мне денег...*» — и это тогда, когда Маяковскому фактически нечего было есть. Элли тратила свои сбережения. Она приносила еду — консервированные супы, замороженные кусочки мяса, хлеб, фрукты. Лиля не написала: «Я волнуюсь. Я скучаю». Только: «Мне нужны деньги на поездку в Италию», — и все это в то время, когда так сложно было добиться разрешения на выезд за границу и достать валюту. Элли была озадачена.

Маяковский заметил, что она совершенно сбита с толку. Он начал рассказывать про свою личную жизнь. Как познакомился с Лилей и Осипом Бриками в июле 1915 года. Они были немного старше и уже хорошо устроились в Москве.

«Знаешь, — сказал он мне. — Они так много сделали, чтобы помочь мне издать первую книгу, когда я был молод и беден. А во время голода нам совсем нечего было есть, и она обменяла свое жемчужное ожерелье на картошку. Конечно, я никогда не был женат на ней. У нас были отношения. Но это все в прошлом». Потом он что-то говорил о ее попытке самоубийства; она наглоталась таблеток и на время ослепла. Я это помню очень смутно. Он говорил: «Она как ребенок. У нее шкаф полон вещей. Она отдает вещи. Вдруг оказывается, что у нее ничего не осталось. Все раздала». Мне особенно запомнилось, как он рассказывал про модельера Vionnet∗. Боже мой, думала я. Люди в России умирают с голода, а эта женщина получает платья из Парижа. Посылает ему телеграмму:

таток денег, которые он одолжил в октябре 1925 г. в США. Большое спасибо. С коммунистическим приветом. Москва, Май 26, 1929».

∗ Мадлен Вионне — владелица дома моды в Париже, где Л.Брик заказывала платья.

«Достань мне денег». Но [возвращаясь к телеграмме] он сказал: «О «Ёлкиче» [от — "маленькая елка"] мы никому не скажем».

Элли ответила ему: «Это *все*, о чем я прошу».

Но он видимо забыл об этом, когда написал «Мы целуем ... над Гудзоном ваших длинноногих жен. ...» Возможно его молчание об этом в целом объясняется его заботой об Элли и ее / нашем благополучии. Как мне не раз объясняла мама:

> «Его воспитывали женщины. Его мать и сестры идеализировали его. Может быть, именно поэтому женщины всегда играли в его жизни важную роль — некоторые как любовницы, а другие просто как друзья. Но с теми, с кем у него были близкие отношения, он был нежным, внимательным и заботливым».

Маяковский обожал игру слов. Элли говорила: «Он игриво обращается с языком». Он дал ей два особенных прозвища. Он называл ее «Лозочка» и «Ёлка» или «Ёлкич»*. Он употреблял именно мужское окончание в своем увещании «молчать», чтобы скрыть, что он говорил о женщине, считала она. «Лозочка» — это «маленькая лоза», а «Ёлка» — это «рождественское дерево», а «Ёлкич» — уменьшительное от «елки». Оба эти слова образованы от ее имени — «Елизавета» — и от уменьшительно-ласкательного «Лиза». Но «Ёлка» еще напоминает и о запахе можжевельника от джина, который Маяковский принес ей на вечеринке у Чарльза Рехта.

Отъезд

И все-таки слишком быстро пришло время его отъезда. Элли вспоминала:

> «Когда у нас уже некоторое время были близкие отношения, он спросил: «Ты что-нибудь делаешь — ты предохраняешься?» И я ответила: «Любить — значит иметь детей». Он сказал: «О, ты сумасшедшая, детка!». Но он использовал эту

---

* Возможно, происхождение уменьшительного «Ёлкич» связано также со стихотворной строфой из «Январского рассказа» Федора Сологуба: «Ёлкич, миленький лесной...» (См. Сологуб Ф. Истлевающие личины. М., 1907. С. 91).

95

фразу в одной их своих пьес: «От любви надо ... детей рожать». У него это говорит профессор.

Я уверена, что за всю его жизнь не было других трех месяцев полной свободы и преданности одной женщины. Когда мы только познакомились, он сказал: «Давай просто жить друг для друга. На сей раз, давай все сохраним только для нас. Это больше никого не касается. Только ты и я». Это было единственное время, когда у него было легко на сердце и он был счастлив».

Лето кончилось. Холодок осени пробежал по Манхэттену:

«Шесть недель или месяц прошел с того момента, когда я почувствовала, что влюбилась, и подумала: «Что я буду делать? Лучше остановиться, пока я еще могу». Пришло время, когда он должен был возвращаться. Мне кажется, у него не было больше денег. Он сидел за своим столом, считал и писал. Он посмотрел на меня и сказал: «Тебе нужна теплая одежда. Ты не работала. Сколько будет стоить теплое платье, пальто и шляпа?» Я сказала: «Мне уж точно не нужна шляпа. И я сама могу все с легкостью оплатить. Намного дешевле купить одежду, если я буду работать. Если ты хочешь для меня что-нибудь сделать — и если можешь — оплати комнату на один месяц. В течение месяца я найду работу».

Именно тогда моя мама попросила у меня денег, и я отправила 200 долларов в Канаду. У меня почти ни копейки не оставалось. Я истратила все свои сбережения. Я не знала, придется ли мне разделять с кем-нибудь «постель и стол» — включая и Джорджа Джонса, который понятия не имел, где я находилась. Маяковский настаивал, чтобы мы пошли и купили платье и пальто. Мы пошли в «Блюмингдейл». Он купил мне коричневое шерстяное платье и самое дешевое твидовое пальто, какое мы смогли найти. Потом он оплатил мне комнату — 50 долларов или около того».

Что было важно для Элли, это то, что он проявлял заботу, что ему было не безразлично, что случится с ней после его отъезда. После стольких недель на «седьмом небе» пришло время вернуться на землю — и выжить. Их любовная лодка вот-вот должна была разбиться о тяготы повседневной жизни — то, что русские называют «быт». Они не могли больше «жить любовью».

Прямо перед отъездом он сказал ей: «Ёлкич, я не люблю писать письма». Он выглядел смущенным, и добавил: «Адресуй письмо, и пиши его, как если бы ты писала моей сестре Ольге». Элли поняла, что он хотел сказать: его почту читают другие люди. Письма, которые мне показали в Москве в Государственном архиве, свидетельствовали о том, что мама не всегда следовала этой инструкции.

Их последний день на Манхэттене был коротким. Элли вспоминала:

«Мы всю ночь занимались любовью. А утром, как обычно, я должна была уйти, потому что газетчики и другие люди собирались за ним зайти. Я не могла там находиться и отправлялась обратно к себе. Я хотела сразу же попрощаться. Все кончилось. Всему конец. А он сказал: «Нет. Нет. *Нет.* Ты должна прийти на корабль». Он настаивал. Я ответила: «Для меня это будет очень сложно». Но он просил: «*Пожалуйста,* приди на корабль. Я хочу быть с тобой как можно дольше». Итак я пошла домой, а через какое-то время он, Рехт и Бурлюк зашли за мной, чтобы на такси поехать на пристань. Там было очень много народу. И эта толпа напомнила мне тех, кто был на лекции. Я не помню никаких деталей, только то, что Рехт и Бурлюк были там. Когда я подошла к такси, Маяковского не было, и я подумала: «О, он пошел попрощаться с моей хозяйкой».

Мы прибыли к пароходу. Обычно, когда кого-то провожали в плавание, все поднимались на борт, но тут никто этого не делал. И я не понимала, *почему?* Это было так странно. Все просто стояли на пристани. Наконец, вышел Маяковский. Он поцеловал мне руку. Все видели, как я была бледна и как меня трясло. Когда он ушел, один из мужчин сказал: «О, Елизавета Петровна, вам, наверное, теперь будет очень одиноко без Владимира Владимировича. Дайте мне, пожалуйста, ваш телефон, и когда у нас будут какие-нибудь мероприятия, мы с вами свяжемся». А я подумала: «Как вы смеете! *Вы* что ли собираетесь меня утешать?» Я развернулась и уже собиралась уйти домой, но Рехт уговорил меня подождать».

После того, как корабль отплыл, Чарльз Рехт проводил Элли домой. Она не могла дождаться, пока окажется в своей комнате:

«Я хотела броситься на кровать и рыдать — из-за него, из-за России — но не могла. Моя кровать была устлана цветами — незабудками. У него совсем не было денег! Но он был такой. Как можно говорить, что он был грубым или суровым, или жестоким ?! Где он достал незабудки в конце октября в Нью-Йорке? Он, должно быть, заказал их задолго до этого. Шло время, но от него не было никаких вестей. Я не хотела никуда переезжать, потому что тут он смог бы меня найти, если бы захотел. Я думала, что это конец. Так получалось. Мы так это понимали».

Она плакала несколько дней и не могла успокоиться. Друзья догадывались о причине ее печали. Они говорили: «Не тоскуй по нему. Он того не стоит!» Но она чувствовала иначе.

Элли снова пошла в армянский ресторан, где они были счастливы вместе. Старый армянин-официант, который ее помнил, не позволил ей заплатить за обед. Она не хотела никого видеть, не хотела ни с кем говорить. Через многие годы она прочитала в книге, что Маяковский приплыл в Россию четвертым классом и в стихотворении вспоминал: «Я в худшей каюте из худших кают...». Все свои последние деньги он потратил на этот галантный жест — незабудки зимой.

А в ней уже жило обещание новой жизни: ребенок Маяковского.

ЧАСТЬ VI

С.КЭМРАД. ДОЧКА*

Он уезжал из Нью-Йорка. Среди провожающих, на огромной, как двухэтажный манеж, пристани компании «Трансатлантик», к которой пришвартовался маленький, казавшийся от соседства с пристанью еще меньше, плохонький пароход «Рошамбо», увозивший его обратно в Европу, в толпе пришедших проститься с ним почти наверняка находилась женщина, о которой здесь пойдет речь[1].

I

Кто читал повесть в стихах Николая Асеева «Маяковский начинается» (она вышла в свет отдельной книгой только один раз — в 1940 году), помнит, должно быть, эти строки — о женщинах, любивших великого поэта:

> Ни у одной
> не стало смелости
> подойти
> под свод его крутых бровей;
> с ним одним
> навек остаться в целости
> в первой, свежей нежности своей.
> Только ходят
> слабенькие версийки,
> слухов пыль дорожную крутя,
> будто где-то,
> в дальней-дальней Мексике,
> от него затеряно дитя[2].

Н.Н.Асеев принадлежал к числу лучших, преданнейших друзей автора поэм «Владимир Ильич Ленин» и «Хорошо!», чрезвычайно дорожил памятью друга. Зря, без всяких на то оснований, он не стал бы включать в свое произведение приведенные выше строки.

---

* Текст предоставлен директором Государственного музея В.В.Маяковского С.Е.Стрижневой.

Слухи… Мало их ходит по земле? Многие исчезают также быстро, как возникли.

В данном случае, однако, слухи не умолкали. Говорили, будто видели на столе у поэта фотографию девочки примерно лет трех. Будто существуют где-то письма женщины, давшей этой девочке жизнь[3].

«Слабенькие версийки» оказывались на поверку не столь уж слабыми.

Слухи держались долго и упорно. Потом заглохли.

Прошли десятилетия…

2

Изучая записные книжки Маяковского времен его поездки в Америку, хранящиеся в Государственном музее поэта, я в одной из них (1926-го года) обнаружил запись, сделанную рукой поэта, чернилами, на английском языке:

111 West 12 st. Elly Jones.

Элли Джонс… Да ведь так звали женщину, рисунок с которой Маяковский сделал в 1925 году в Нью-Йорке! Он подписал рисунок и датировал («6.IX. New York»), что делал не часто[4]. В 1932 году Д.Д.Бурлюк, постоянно, с 1922 года, проживавший в Нью-Йорке, опубликовал рисунок в изданном им сборнике-антологии «Красная стрела», сопроводив его таким текстом:

«Нарисована Елизавета Петровна Джонс из Шафраново, Уфимской губернии»[5].

Красивое, умное, волевое лицо человека уже не первой молодости. Высокий лоб, гладко зачесанные назад волосы. Огромные глаза. Взгляд, загадочно устремленный в сторону[6].

В отличие от других русских поэтов и писателей, с чьими рисунками и набросками мы знакомы, Маяковский получил почти законченное специальное профессионально-художественное образование. Он рисовал много и часто, свободно и легко. По словам К.И.Чуковского, великий Репин, увидев однажды рисунки Маяковского, воскликнул: «Да какой же вы, батенька, к черту футурист?! Самый матерый реалист! От натуры ни на шаг, и чертовски уловлен характер…»

Спустя много лет, в 1965 году, Д.Д.Бурлюк вновь опубликовал рисунок Маяковского в издававшемся им журнальчике

100

«Color and Rhyme» («Цвет и рифма»), № 60, сопроводив его на этот раз несколько иным текстом:

«Mrs. Jones, урожденная Елизавета Алексеевна…В 1925 году поэт имел с ней роман»[8].

О том, что у Маяковского в Нью-Йорке была какая-то «дама сердца», рассказывала пишущему эти строки также С.А.Тальми, жена нью-йоркского журналиста Леона Тальми, проживающая в настоящее время в Москве[9]. Ее муж перевел на английский язык два стихотворения Маяковского. Поэт несколько раз заходил к супругам Тальми домой, однажды его сопровождала высокая, красивая женщина, очень похожая на Э.Джонс (я показал С.А. рисунок Маяковского)[10].

3.

Из стихотворения «Вызов», написанного между 6 августа и 20 сентября 1925 года в Нью-Йорке. Посылая «к чертям свинячим все доллары всех держав», Маяковский продолжает:

Мне бы
кончить жизнь
в штанах,
в которых начал,
ничего
за век свой
не стяжав.

И дальше:

Нам смешны
дозволенного зоны,
взвод мужей,
остолбеней,
цинизмом поражен!
Мы целуем
– беззаконно! –
над Гудзоном
ваших
длинноногих жен.

В одном из вариантов стихотворения: «Я целую беззаконно над Гудзоном» и «Муж, остолбеней, цинизмом поражен…»[11]

Знаю: есть люди, которым не нравятся эти строки. Они так и эдак толкуют их, произвольно вырвав из контекста, они готовы обвинить поэта в каких угодно грехах, повторяют любые сплетни, касающиеся его. Предвидя подобные толки, Асеев писал:

Не перемывать
чужое белье,
не сплетен сплетать околёсицу,–
сырое,
суровое,
злое былье
сейчас под перо мое просится.
Теперь не время судить,
кто прав;
живые шаги его пройдены,
но пуще всего
он темнел,
Взревновав
вниманию
матери-Родины.

Все, встречавшиеся с Маяковским, в один голос свидетельствуют о его изумительно честном, благородном, рыцарском отношении к женщинам. Он презирал скоротечные пошленькие связи и, если любил, — любил горячо, всем сердцем.

Не поймать
меня
на дряни,
на прохожей
паре чувств.
Я ж
навек
любовью ранен,
еле-еле волочусь,–

писал он позже, в 1928 году, в стихотворении «Письмо товарищу Кострову из Парижа о сущности любви».
И дальше, в том же стихотворении:

102

> Нам
> > любовь
> > > не рай да кущи.
> Нам
> > любовь
> > > гудит про то,
> что опять
> > в работу пущен
> сердца
> > выстывший мотор.
>
> ....
>
> Себя
> > до последнего стука в груди,
> как на свиданьи
> > простаивая,
> прислушиваюсь:
> > любовь загудит —
> человеческая, простая.

Можно ли сомневаться, что и нью-йоркская любовь поэта была такой же, по-человечески понятной, лишенной малейшего налета того, о чем говорится в стихотворении «Вызов»[12]. Как же плохо и поверхностно, предвзято знают жизнь и творчество поэтического трибуна революции, ее величайшего лирика те, кого имел в виду Асеев, кто осмеливается на основании нескольких строк из этого стихотворения делать далеко идущие выводы...

Лирического героя стихотворения не всегда следует отождествлять с автором, в стихах не обязательно должны отражаться факты его биографии. Хотя, как правило, у Маяковского они отражены, и стихотворение «Вызов», надо думать, не является в этом отношении исключением.

В целом же это стихотворение — и это ясно каждому непредубежденному человеку — протест против американского ханжества и лицемерия, лже-морали порядочных граждан, вызов «капиталу — его препохабию».

4.

В 1965 году Давид Давидович Бурлюк с женой, Марией Никифоровной, вторично после отъезда из России, посетил Москву (в первый раз он побывал здесь в 1956 году). Пользуясь случаем, я спросил «отца русского футуризма и фельдмаршала мирового», как он себя величал, также об Элли Джонс.

Передаю его рассказ, записанный тогда же, по свежей памяти, слово в слово:

— С Элли Джонс, урожденной Елизаветой Алексеевной, Маяковский познакомился у нас, в доме, на Харрисон-авеню, 2116, в Бронксе (район Нью-Йорка), где мы с Марусей тогда жили. Было это примерно, недели три спустя после его приезда в США.

Лиза — землячка моей жены, которая тоже родом из бывшей Уфимской губернии[14]. Высокая. Стройная. Очень образованная. Знала несколько языков. Было ей в ту пору лет тридцать пять-тридцать шесть[15].

Отцу Лизы когда-то принадлежала кумысолечебница в селе Шафраново (в настоящее время — поселок городского типа в Башкирии, 140 км от Уфы по Куйбышевской железной дороге — С.К.)[16]. Шафраново — степной курорт в предгорьях Урала. Кумыс, как вы знаете, славится лечебными свойствами. В Шафраново лечиться молоком степных кобылиц от туберкулеза легких и других заболеваний приезжали до революции и из-за границы. Американец Джонс увидел Лизу, влюбился в нее, женился и увез к себе в Америку[17].

Знаю, что семейная жизнь Лизы сложилась неудачно. В браке она не была счастлива. Мужа она не любила.

После знакомства сразу же мы все четверо пошли гулять.

Помню, однажды втроем, я, Лиза и Маяковский (Маруся осталась дома) — ездили в кемп «Нит гедайге», описанный Маяковским в известном стихотворении. Было это, примерно, за месяц до его отъезда из США. Маяковский был явно не в духе[18].

Никаких других подробностей романа мы с Марусей не знаем.

После отъезда Маяковского из Америки Элли Джонс была у нас только один раз.

Со слов других лиц, уже здесь, в Москве, мы узнали, что Элли Джонс писала в 1926 году Маяковскому, просила денег[19].

5

Продолжая изучать записные книжки Маяковского, я в той же книжке, где записан адрес Э.Джонс, на соседней странице, увидел еще один адрес:

"The Coyn Exchange Bank 72-nd st. branch".

Можно предположить, что это адрес банка, через который Маяковский перевел деньги Элли Джонс.

Зачем они ей понадобились? Об этом остается пока гадать.

...Записная книжка 1929 года. Перелистываем ее — и снова находим имя и фамилию женщины, с которой Маяковский познакомился в 1925 году в США.

Но на этот раз адрес почему-то итальянский:

"Elly Jones 16 ave Shakespeare Ap. 252[20].
56–72 Rapiti via Castani 8 Milano 114 Italia"[21].

Странно! Причем здесь Италия? Разве Элли Джонс переехала из США в Европу?

Здесь я перехожу непосредственно к тому, что, собственно, составляет предмет моего рассказа.

...В последних числах марта 1929 года В.В.Маяковский ездил из Парижа, где он тогда находился, в Ниццу и Монте-Карло. А от этих городов, как известно, рукой подать до франко-итальянской границы[22].

Зачем он туда ездил? Ведь не для того, чтобы вместе с «баранами мира», «ворами и лодырями», «бездельниками-деля-гами», «настоящими, живыми и тузами и королями» попытать счастья, играя во дворце монакского принца в рулетку...[23]

И не для того, чтобы подсмотреть, а потом описать в стихотворении «Монте-Карло», как

Сквозь звезды
      утро протекало,
заря
      ткалась
        прозрачно,
          ало,
и грязью
     в розоватой кальке
на грандиозье Монте-Карло
поганенькие монте-карлики.

Месяца за два до поездки он телеграфировал из Москвы в Париж: «Начале февраля надеюсь ехать лечиться отдыхать. Необходимо Ривьеру»*.

Он действительно очень плохо чувствовал себя в это время. Болело горло. Частыми выступлениями он надорвал себе горловые связки. Лечиться было, безусловно, необходимо. И средиземноморский берег Франции с его благотворным климатом представлял собой для этого идеальное место.

Но только ли за этим он ездил на Ривьеру. Он выехал в Ниццу 21–22 марта, вернулся в конце месяца, пробыв там чуть больше недели. Неделя — не срок для лечения[24].

Вот что рассказала мне Ирина Александровна Успенская, многолетняя, со дня основания, сотрудница музея В.В.Маяковского на Таганке, бывшая хранительница фондов музея, знавшая много подробностей личной жизни поэта:

— В 1929 году Маяковский ездил в Ниццу не только для лечения. Он ездил также для того, чтобы повидать дочь, которую привезли из Америки на Лазурный берег Франции, так как она болела рахитом[25].

6.

Если все, о чем говорилось до сих пор свидетельствовало, по выражению Д.Д.Бурлюка, лишь о «романе» поэта, то здесь мы впервые сталкиваемся с тем, что может быть названо, грубо говоря, последствиями этого романа.

Да, у Элли Джонс родилась через несколько месяцев после отъезда Маяковского из США дочь. Она писала ему об этом, просила денег. Деньги, видимо, ей были нужны для оплаты пребывания в родильном доме, сумма, учитывая дороговизну меди-

---

* Речь идет о телеграмме Маяковского Татьяне Яковлевой от 13 января 1929 года: «Начале февраля надеюсь ехать лечиться отдыхать необходимо Ривьеру прошу похлопотать вместе с Эльзой телеграфируй пиши люблю скучаю целую твой Вол» (См.: Каталог выставки «Тата (Татьяна Яковлева)». Сост. А.Аксенкин. Вступ. ст. С.Стрижневой. М., 2003. С. 67). Несомненно, намерение Маяковского связано с попыткой вновь встретиться с «двумя Элли», оставшимися в Ницце до марта (см. приложение). Он не застал их: судя по письму Элли, они в конце февраля уехали в Милан к крестной, Елене Святополк-Мирской. Расстроенный Маяковский отправился в Монте-Карло, где «проигрался до сантима».

«Две Элли» — Элли Джонс с дочерью в Ницце. 1928.

цинской помощи в Америке, требовалась немалая, личных средств нехватало[26].

Во время встречи в Ницце в 1929 году она подарила поэту фотографию дочери. Снимок этот видела у него сестра, Людмила Владимировна. Она постеснялась спросить у брата, кто эта девочка. Маяковский никогда не делился с родными подробностями личной жизни — не в силу скрытности своего характера, а потому,что ему было слишком больно рассказывать о ней.

Людмила Владимировна не стала расспрашивать брата, однако догадалась.

Она сама говорила мне об этом.

«Слабенькие версийки» обретали, таким образом, плоть и кровь.

Вот еще одно из самых достоверных свидетельств.

7.

Соню (Софью Сергеевну) Шамардину я знаю давно, со времен моей юности. Хорошо знал и ее трагически погибшего мужа, Иосифа Александровича Адамовича — в самом начале двадцатых годов Народного комиссара по военным делам, позже — Председателя Совета народных комиссаров Белоруссии.

Соня — очень интересный, содержательный и милый человек — с 1913 года была в исключительно хороших, дружеских отношениях с Маяковским. Ей, первой, он прочитал только что написанное в том же году стихотворение «Послушайте!»

> Послушайте!
>
> Ведь, если звезды зажигают —
>
> значит это кому-нибудь нужно?
>
> Значит, кто-то хочет, чтобы они были?
>
> ....
>
> Значит, это необходимо,
>
> чтобы каждый вечер
>
> над крышами
>
> загоралась хоть одна звезда?!

Дружба продолжалась до последних лет жизни поэта. Видимо, Маяковский много рассказывал Асееву о Соне. Этим можно объяснить надпись, сделанную последним на книге, подаренной ей при личном знакомстве много лет спустя:

«Софье Сергеевне Адамович, другу друга, с волнением и любопытством. Николай Асеев. 1962, 17.VI».

И.А.Адамович вначале плохо разбирался в поэзии вообще, в творчестве Маяковского — в частности. Отсюда — надпись, сделанная им на сборнике произведений поэта в 1924 году:

108

«Соня, эти высокопарные слова мне подчас непонятны; поэтому значения «маяковщина» массового не имеет, ибо масса любит все конкретное и реальное. Но, зная твое отношение к автору и его произведениям, презентую эту книжонку, приобретенную на 13 съезде РКП(б). 1.IV.1924».

Впоследствии, ознакомившись лучше с произведениями Маяковского, Адамович изменил свое мнение о них.

В 1927 году поэт побывал в Минске, дважды выступал в партийном клубе имени Карла Маркса. С.С.Шамардина — член партии с 1919 года — председательствовала на одном из его вечеров.

— Первейшее дело, — сказал Маяковский еще на вокзале по приезде в столицу Белоруссии сопровождавшему его П.И.Лавуту, — навестить друзей, Соню Шамардину с мужем.

Они еще не были знакомы тогда. Соня познакомила их. Познакомившись, Маяковский и Адамович очень понравились друг другу.

Вскоре С.С.Шамардина и И.А.Адамович переехали на работу в Москву. Это совпало с выходом первого по времени выпуска (пятого по счету) тома первого собрания сочинений Маяковского в десяти томах. Поэт подарил один экземпляр Адамовичу со следующей надписью:

«Замечательному Иосифу Александровичу Маяковский».

Шамардиной написал коротко, дружески:

«Сонечке Вол».

8.

...25 октября 1928 года[27]. Маяковский знакомится в Париже с той, о ком идет речь в стихотворении «Письмо товарищу Кострову из Парижа о сущности любви» и в стихотворении «Письмо Татьяне Яковлевой».

В феврале 1929 года он снова едет в Париж. Возвращается оттуда в первых числах мая[28].

Однажды в отсутствие поэта И.А.Адамович позвонил к нему на квартиру. Откликнулся женский голос.

— Где Володя? — спросил Адамович и услышал в ответ:

— Он опять к своей девчонке поехал.

Татьяне Яковлевой было в ту пору 22 года.

Иосиф Александрович передал этот ответ жене.

Прошло какое-то время. Маяковский вернулся в Москву. Заехал на своем «красавце серой масти» — маленькой машине «Рено», купленной им в Париже в декабре, — за Соней Шамардиной, в ЦК Рабис(Центральный комитет работников искусств), членом Президиума которого она являлась.

Сели в машину. Поехали. Маяковский был очень мрачен. За все время их многолетней дружбы она ни разу не видела его таким мрачным.

Решила отвлечь его от каких-то, видимо, тяжелых мыслей, рассеять его настроение. Спросила игривым тоном, имея в виду его поездку в Париж:

— Ну, как там твоя девчонка?

Маяковский вздрогнул. Он не ожидал этого вопроса. Предположив, что Соня спрашивает его о дочери, между тем как он никому ничего не говорил о ней, в удивлении уставился на Соню:

— А ты откуда знаешь?

Соня ничего не знала. Продолжая ту же игру, тем же тоном ответила:

— Ну, как же, знаю…

И вдруг увидела, что своим вопросом и ответом достигла прямо противоположных задуманному результатов. Маяковский помрачнел и нахмурился еще больше. Не сомневаясь, что Соня действительно все знает, с глубокой душевной болью сказал:

— Понимаешь, я никогда не думал, что можно так тосковать о ребенке. Ведь девочке уже три года. Она больна рахитом. А я ничем, абсолютно ничем не могу помочь ей. Даже деньгами, от которых мать сейчас категорически отказывается. Кроме того, ее воспитывают в католичестве[29]. Пройдет каких-либо 10 лет, и, после конфирмации, она, возможно, станет правоверной католичкой. А я и тут ничего, ровным счетом ничего не могу сделать, чтобы помешать этому. Ведь не я считаюсь ее отцом...

— Тут только, — рассказывает С.С.Шамардина, — я поняла, что у Маяковского есть где-то, за границей, дочь, и что он ездил повидаться с нею.

9.

И последнее, прежде чем поставить точку в своем повествовании. В одной из последних записных книжек Маяковского на совершенно чистой странице можно увидеть написанное карандашом только одно слово: «ДОЧКА».

* * *

Быть может, в более или менее отдаленном будущем мы узнаем о нью-йоркской любви поэта больше, чем знаем сейчас. Прочтем письма Элли Джонс к нему и его к ней — ведь не могли они исчезнуть бесследно, — увидим фотографию ребенка, находившуюся у него. Узнаем о последующей жизни Элли Джонс и ее дочери, у которой сейчас, вероятно, у самой есть взрослые дети[30].

Пока же — это все, чем я могу поделиться с читателями, отталкиваясь от полузабытой повести в стихах Н.Асеева «Маяковский начинается».

С.Кэмрад.
20.X.1972 г.

ЗАКЛЮЧЕНИЕ

Когда Кемрад писал главу, у него не было достаточно материала. Однако его талант биографа, как мне кажется, помог ему прочувствовать внутреннюю жизнь своего героя. Его небольшая глава представляет собой потрясающее, по сути, разоблачение. Она содержит удивительно новую информацию о чувствах Маяковского ко мне, его дочери. В то же время, некоторые искажения присутствуют, по меньшей мере, в воспоминаниях одного из очевидцев романа Маяковского с Элли Джонс. Версия Бурлюка изменилась со временем, став не совсем правдивой. Возможно, это было сделано намеренно, чтобы не раскрывать, кто на самом деле была мама. Но Бурлюк также написал портрет Элли Джонс, впервые опубликованный в журнале «Эхо планеты» вместе с двумя письмами к «двум Элли». Далее, и сестра Маяковского, и его близкий друг Соня Шамардина признавали, что его стыдливое молчание, его желание скрыть что-то было вызвано скорее тем, что ему было больно об этом говорить. Неточности в тексте Кемрада снабжены примечаниями. Я очень благодарна за доступ к этой неопубликованной, но такой искренней работе.

«Дочка!» Само это слово свидетельствует о том, что часть его живет во мне и моем сыне. «Дочка» — это эмоциональное слово, нежное слово, внушающее любовь и подразумевающее любовь. Это личное слово, наполненное любовью и тоской по любимому человеку. Это слово, которое заставило одаренного армянского художника Евгения Амаспюра — тоже имеющего дочь — сказать мне, что слово «дочка» «связало» его с моим отцом и помогло ему понять его по-новому, когда он работал над оформлением музея Маяковского. Что может быть обычнее, человечнее, чем стать родителем? Было ли это желание иметь детей, когда Маяковский с Элли ходили в зоопарк и навещали вместе Тальми и Бурлюков? Не поэтому ли Маяковский написал несколько стихотворений для детей в 1926 году?

Как отцовство могло отразиться на человеке, который не мог остановить ветер революции, принимавший силу урагана, который кружил вокруг его творчества? Угрозы и опасности, видимые и невидимые, сказанные и несказанные, притаились, чтобы накинуться и разрушить его жизнь — не на берегах романтической любви, а на мелководье политической власти.

«Дочка!» Одно лишь слово написано на странице в записной книжке № 67. Оно обескураживало и озадачивало биографов в течение десятилетий. Это слово застыло на странице, где маленькие клеточки составляют маленькие клетки — клетки, которые содержат демонов, преследовавших Маяковского даже тогда, когда восхищенная публика рукоплескала у его ног. «Дочка» — это единственное послание моего отца ко мне через пространство и время. Как же я — я , которая и есть эта дочка, уже не маленькая девочка, а сама мать и бабушка — должна реагировать на это слово, написанное незнакомым мне алфавитом, почти незнакомым мне человеком, который все же никогда не был мне чужим? Из всех слов своего арсенала эмоций это единственное, которое он адресовал мне. «Дочка!» Я его плоть и кровь. Что он думал и чувствовал, когда написал его?

Могу ли я видеть в этом слове что-то другое, кроме послания для *меня*?

О Лиле Брик

Многие спрашивали меня, что я думаю о Лиле Брик. Пока мне не известно других фактов, вот мое истинное отношение к ней как непосредственной участнице трагической ситуации 1925–1930 годов.

Конечно, многие люди — включая Маяковского — в разное время испытали на себе радушие и доброту Лили Брик. Но ведь ее требования денег от Маяковского говорят и о том, что за ее щедрость ей во многом отплатили. Она, видимо, вела себя довольно экстравагантно в обращении с чужими деньгами и была далеко не равнодушна к модным нарядам.

Во время моего второго визита к Татьяне Ивановне Лещенко-Сухомлиной осенью 1992 года меня снова сопровождала Т. Эйдинова. Татьяна Ивановна рассказала мне, как, после ее возвращения из сталинских лагерей, ее встретила Лиля Брик. Брик пригласила ее на обед и спросила, чего бы она хотела поесть. Татьяна Ивановна ответила: «Икры». И Лиля поставила перед ней огромное количество — целый килограмм — икры. Она съела так много, что уже никогда больше ей икры не хотелось. Увидев, как плохо она выглядела, Брик (сама следившая за своей внешностью до последних лет жизни) предложила Татьяне вставить зубы — трата, которую она сама себе никогда бы не смогла позволить, но, естественно, довольно необходимая для женщины, которая зарабатывала на жизнь на сцене. Порывы щедрости Брик, подкрепляемые ее связями с представителями верхушки коммунистической партии, приобрели для нее любовь многих людей. Говорят, она терпимо относилась к «другим женщинам», появлявшимся в жизни Маяковского, после того, как их интимные отношения прекращались. Но никто из них не мог серьезно претендовать на него — его работы, собственность, гонорары и привилегии. Мне нужны доказательства, что она была щедрой по отношению к семье Маяковского — его матери, сестрам и кузинам. И она, судя по всему, также не особо чтила последнюю просьбу Маяковского к «Товарищу Правительству» — позаботиться о Веронике Полонской.

Татьяна Ивановна достала из шкафа элегантное черное шерстяное одеяние — с фирменным знаком Жана Пато, — которое отдала ей Лиля Брик. Этот широкий жест произвел на нее сильное впечатление, и правильно. Но я думаю, надо учесть мотивы Брик. Чувствовала ли она когда-нибудь свою вину за те особенные привилегии, которыми она пользовалась, благодаря ее связям с представителями близкого к Сталину круга? Что значило для нее членство в коммунистической партии? Как только выяснились некоторые детали ее контактов с секретной полицией (ЧК и КГБ), вырисовывается несколько другой портрет. А какой вывод должны мы сделать из того, что ее вторым мужем — после Осипа Брика и до Василия Катаняна (старательного и верного биографа Маяковского) — был Виталий Маркович Примаков? В любом случае, психологический портрет этой женщины, которая сыграла такую судьбоносную роль в жизни Маяковского, интересует меня намного больше, чем любые материалы об их отношениях.

Насколько я знаю, никто так и не разобрался в подводных течениях их сложных личных отношений; ситуация, которая позволила мне заметить (как цитируется в журнале «Эхо планеты»): «Он не мог жить с ней; он не мог жить без нее». Но обязательно ли это «любовь»? Если да, то какая «любовь»? Психобиография Брик была бы полна контрастов: женщина, движимая — любовью? Властью? Коммунистической — или скорее сталинской — идеологией? Женщина, определяемая через мужчину, которого она вовлекла в свою жизнь? Возможно любовь, но была ли это любовь для Маяковского? Не похоже. Она сама говорила, что ее единственной настоящей любовью был Осип Брик. Могла бы женщина, любящая Маяковского, позволить

114

ему (как мне сказали) оставить без наследства мать, которую он обожал, и сестер, которых он нежно любил и которые обожали его? В конце он взывал к ней: «Лиля — люби меня!» Но когда он боролся со своими демонами накануне смерти, как так вышло, что она так удобно оказалась «вне страны»? Она свободно путешествовала. Он — нет. *Почему?*

Некоторые говорили, что любовные отношения между Маяковским и Лилей Брик кончились *до* его поездки в Америку, что после 1925 года они были только платоническими. Однако согласно Чартерс и Чартерс (1979), жизнь Маяковского с Лилей Брик изменилась *после* его возвращения из Америки (С. 279). Их сексуальным отношениям пришел конец. Эта ситуация не могла не вызвать некоторых внутренних переживаний:

«Когда он вернулся, он не спрашивал от меня физической близости. Он сказал себе — он был очень умным, он все очень хорошо понимал, он знал — «если я буду настаивать, она бросит меня». И так бы и было, потому что я решила, что не хочу быть его сексуальным партнером» (С. 279, курсив мой).

Авторы объясняют, что тогда Лиля оценила его решение не «настаивать» на роли любовника как отказ; она также была оскорблена, когда Брик потерял к ней интерес в постели после года совместной жизни (С. 179). Что же Брик на самом деле чувствовала по поводу окончания их интимных отношений с Маяковским после его возвращения из Америки?

Если Маяковский с Лилей не были больше любовниками, то что же заставляло их быть вместе? Как изменились их отношения? Некоторые считают, что Маяковский ее боялся. Возможно ли это? Если да, то *почему?* Как она на самом деле относилась к его отцовству? Как она относилась к женщине, которая родила ему ребенка? Как она относилась к ребенку — плоти и крови Маяковского? Пока мы этого не знаем. Но беседа с Натальей Брюханенко, записанная в мае 1938 года, раскрывает тот факт, что они с Лилей Брик были в кабинете Маяковского, и Лиля уничтожила фотографию маленькой девочки, *меня.* Это говорит о совсем иной стороне характера Лили Брик.

Я слышала, что женщины, использующие свою сексуальность, чтобы контролировать любовника, часто чувствуют себя в опасности, когда одной сексуальности становится мало, чтобы привязать к себе мужчину. Более того, глубокие чувства что-то не очень заметны в тех деловых заботах, которыми наполнена большая часть переписки между Маяковским и Лилей Брик.

Дело еще *не* закрыто

Частички этого memoir-graph или mono-moir пересекают океан времени, океан пространства и океан человеческих чувств. Осмыслив мамины воспоминания, мой собственный опыт в Москве, «потерянную» рукопись Кемрада, я бы сказала, что внутренний мир Маяковского резко изменился после его пребывания в Манхэттене. В своей следующей работе я займусь еще одной «потерянной главой» — о нашей короткой встрече в Ницце в 1928 году. Анри Труайя, французский писатель, родившийся в России, был одним из любимых маминых авторов. О смерти Маяковского он писал:

«Поэт Владимир Маяковский покончил жизнь самоубийством, выстрелив в сердце 14 апреля 1930 года в возрасте 36-ти лет; и очень грустно оттого, что его отчаянное самоубийство было вызвано скорее правительственной травлей, чем несчастной любовью»(1989. С. 175).

Повторное появление «Дочки» и одно слово «Дочка», записанное на чистой странице в записной книжке Маяковского № 67 предполагает, что причины его отчаяния могли быть далеко не такими простыми.

Я читала, что Бабеля называли «мастером жанра молчания». Возможно ли, чтоб Маяковский здесь — по-своему — его превзошел? Как рекомендует Мишель Фуко, нам надо определить «разные способы» умолчания о вещах и какого рода благоразумие требуется, когда лучше о чем-то не говорить. С уважением к «интимным правдам», которых лучше не сообщать, позвольте мне завершить этот этап моей работы проницательными словами Франсин дю Плесси-Грей:

«Решение хранить молчание основано на благотворительности и сострадании, более священных, чем поиск правды» (цит. по Данлопу, 1982).

* * *

Через два месяца после отъезда Маяковского из Нью-Йорка, на новый 1926 год Элли получила от него телеграмму на русском языке:

ПИШИ ВСЕ. ВСЕ. С НОВЫМ ГОДОМ!

Она подумала:

Если я напишу, что происходит, что я жду от него ребенка, они это прочитают. Меня уже пытался шантажировать тот «шепелявый комиссар».

Она не писала ему несколько месяцев, почти до самого моего рождения.
Но это уже другая история.

ПРИМЕЧАНИЯ

1. Бенгт Янгфельдт недавно опубликовал работу «Маяковский и "Две Элли"», в которой впервые прозвучали некоторые вопросы, обсуждаемые здесь. См. Библиографию.

2. Ники Бурлюк и его жена Жанетта очень поддерживали меня в начале работы над этим проектом. Я познакомилась с Ники Бурлюком, младшим сыном Давида Бурлюка, перед поездкой в Россию в 1990 г. См. III часть книги.

Вступление: Маяковский: символ революции

1. Примеры стилизованных текстильных дизайнов моей тетки Людмилы Маяковской были представлены в Нью-Йорке в музее Гуггенхайм на выставке под названием «Великая утопия: русский авангард, 1915–1932 гг.» в 1992 г. (Смотри номера 558–562 в каталоге выставки.)

2. Я бы хотела поблагодарить Джона Хиллиарда из отделения студенческих дел Леман-колледжа за то, что он обратил мое внимание на эту цитату.

3. В этом эссе он пишет о смерти Есенина:

«Вырванное из сложной социальной и психологической обстановки самоубийство, с его моментальным немотивированным отрицанием … угнетает фальшивостью» (XII, 97).

Часть I: Кто была Элли Джонс?

1. Бенгт Янгфельдт (1991) нашел четыре письма и две рождественские открытки от Элли Маяковскому, а также *два пустых* конверта и несколько маминых со мной фотографий среди бумаг Брик (курсив мой, С. 27).

2. Дезинформация встречается во многих газетных статьях в России, по-русски в Соединенных Штатах, по-немецки в Германии. Например, в примечаниях в немецком издании книги Брик (1991, С. 246–47) девичья фамилии моей матери написана Зильберт, хотя она была Зиберт, датой рождения моего сына называется 1941 г.(на самом деле 1956 г.), как и множество других неточностей.

3. Я специально написала ошибочную дату, чтобы посмотреть, проверят ли в «Vanity Fair» фактологию. *Правильная* дата — апрель/май.

Часть II: Я — сама!

1. Именно «обычность» фамилии «Джонс» побудила Проффера (1987) увидеть за ней «шифр или псевдоним» (С. 86). Это неверно.

Часть III: В Россию с любовью

1. Это событие освещалось прессой и советским телевидением.

2. Маэль рассказала мне, что в их квартиру *действительно* ворвались агенты КГБ и ее мать арестовали при поиске «бумаг». Во время обыска были конфискованы *все* бумаги ее отца и письма из Америки. И еще одну вещь забрали: фильм о Маяковском, снятый 8 сентября 1925 г. в Нью-Йорке.

3. Мой доклад на конференции теперь входит в главу 13 под названием «Мир и война: Гестия и новый мировой порядок» в моей недавно вышедшей книге «Неся феминизм в дом» (1992).

Часть IV: Маяковский на Манхэттене

1. Полковник Уолтер Линкольн («Джинджер» / «Имбирь») Белл был заведующим уфимским подразделением АРА с 1921 г. Когда Элли впервые увидела его, он был без сознания, больной тифом. Ее попросили прийти к нему как переводчика, потому что немногие — доктора и сестры — знали тогда английский. Она свободно говорила по-английски. В 1915 г. ее отец поехал в Америку на большую выставку электрификации и гидроэлектричества. Дорога семьи Зибертов в Америку лежала через Владивосток и Японию по транс-сибирской магистрали — после Нагасаки и Хиросимы они поплыли в Сан-Франциско на японском корабле. Элли около девяти месяцев ходила в школу в Эскондидо в Калифорнии, где она с легкостью выучила разговорный английский.

2. Эти стихи для детей вошли в «Избранные труды» 1985 г. (том I). Он, видимо, разрабатывал эти идеи, когда ходил в зоопарк. Полный текст стихов датирован 1926 г. (С.261–262).

Часть V: Влюбленный Маяковский

1. Неожиданно в марте 1993 г. этот «ребенок» — Владимир Тальми — позвонил нам в Леман-колледж. Он увидел объявление о праздновании 100-летия Маяковского в публикации HIAS. Еще один ход Товарища Истории.

2. Я до сих пор не знаю, где мог Маяковский познакомиться с творчеством афро-американского художника Генри Оссува Таннера, которым он так восхищался. Это могло случиться в Париже, но, поскольку упоминание о нем встречается уже в «Моем открытии Америки», это могло произойти и во время его визита в Гарлем. И снова, по счастливой случайности, предоставленной Товарищем Историей, племянница Таннера, доктор Рай Александр Минтер теперь замужем за доктором Томасом К. Минтером, деканом профессиональных исследований в Леман колледже. Это отделение колледжа и есть мой «академический дом».

3. Единственное упоминание «оперенья», которое я нашла, было в стихотворении «Письмо товарищу Кострову из Парижа о сущности любви», в котором Маяковский пишет:

из зева
до звезд
    взвивается слово
золоторожденной кометой.
Распластан
    хвост
      небесам на треть,
блестит
    и горит оперенье его ...

4. Маяковский был таким высоким, что он и Элли называли «маленьких» людей вокруг него «лилипутами».

5. Это была пьеса «Клоп», переведенная Ф. Д. Ривом, и представлялась на праздновании 100-летия Маяковского в Леман-колледже. В сцене IV профессор упрекает Зою Березкину за попытку самоубийства, говоря : «От любви надо мосты строить и детей рожать».

Часть VI: «Дочка»

1. Потратив последние деньги на незабудки для Элли, Маяковский возвращался в Европу четвертым классом.

2. Возможно, Мексика — это более экзотичное, «романтичное» место, или здесь она звучит, чтобы сбить со следа. Но это может и отражать тот факт, что Маяковский знал, что до эмиграции в Канаду семья Питера Зиберта жила в Чихуахуа в Мексике.

3. Та ли эта фотография, которая была опубликована в «Эхо планеты»? Те ли это буквы?

4. Светлана Стрижнева, директор Музея Маяковского, предполагает, что это может быть датой зачатия «дочки». Я родилась 15 июня 1926 г.

5. Это правильное имя, но она родилась в Давлеканово, под Уфой.

6. Рисунок отражает горе, не возраст. Она родилась 13 октября 1904 г. (н. ст.), соответственно ей тогда еще не было 21 года.

7. Рисунок можно сравнить с фотографией, сделанной в тот же день. Она смотрит прямо в сердце. Рисунок Маяковского несомненно демонстрирует восприятие художником характера — не только внешней красоты, но и внутренних качеств.

8. То ли подвела память Бурлюка, то ли он намеренно сбивал людей с толку. Более ранняя его версия была правильной. Примечание Кемрада: «Этот рисунок был напечатан только один раз в журнале «Огонек» (1945. № 20) под заголовком «Женский портрет, написанный Маяковским в Нью-Йорке в 1925 г.».

9. Согласно маминой кассете, Маяковский с Элли вместе обедали у Тальми (смотри часть V этой книги).

10. Она была 5 футов, 5,5 дюймов ростом и очень худая. На высоких каблуках она казалась еще выше. Эта встреча, о которой Элли рассказывает на кассете, описывается в части V этой книги.

11. Элли не жила с Джорджем Джонсом, когда она познакомилась с Маяковским. Но она не могла развестись с ним, не рискуя своим правом на проживание в Америке.

12. «Странные» были против этих отношений по многим причинам — политика, религия, личная гордость (т.е. ее гордость), и «Товарищ История».

13. Отчество Элли было Петровна.

14. Они приходили к Бурлюкам, и их там радушно приняли. См. часть V этой книги. Насколько я знаю, никто никогда не называл Элли Лизой. Ее звали Элли, или Елизаветой Петровной, или Элизабет, и иногда (но только американцы) Бетти.

15. И снова, ей не было еще 21 года, но она, возможно, тогда недостаточно отдыхала и недоедала.

16. Это притянуто за волосы. Питер Зиберт был богатым фермером с большими земельными владениями, на которых он выращивал пшеницу.

17. Джордж И. Джонс был англичанином. Он познакомился с Элли в Москве, и они поженились там в 1923 г. Он увез Элли в Англию, потом в Америку. Они были в разрыве, когда Элли познакомилась с Бурлюками.

18. Поездка в лагерь «Нит Гедайге» (выражение на идиш, означающее «без волнения», эквивалентное французскому sans souci) была катастрофой. Мужчины оказались сексистами (что претило взглядам Элли), и она настояла, чтобы они вернулись в город. Это, видимо, объясняет «плохое настроение» Маяковского, которое заметил Бурлюк.

19. Поскольку она была беременна, она и не могла работать, Элли нужна была помощь в оплате счетов врачам. Я думаю, что тогда Маяковский не имел никакой возможности прислать деньги в Америку.

20. Это был адрес Элли в Ницце.

21. Я думаю, мы поехали в Милан навестить мою русскую бабушку, княгиню Елену Святополк-Мирскую.В таком случае нас не было в Ницце, когда Маяковский приехал туда. Кто-то, должно быть, дал наш новый адрес. Я не думаю, что мама знала, что он приезжал туда второй раз.

22. Хронология событий в это время до сих пор не совсем мне понятна, и я займусь ею в следующей работе.

23. Он действительно проиграл все свои деньги (согласно маминым словам). Он был потрясающим любителем острых ощущений и обожал карты и игры на удачу. Такой же была и я — в молодости.

24. Его внук родился 22 марта через двадцать пять лет.

25. Насколько я знаю, у меня была только экзема и аллергии (астма и бронхит). У меня были крепкие кости. Мама сама отказывалась от еды, чтобы накормить меня. Но дата «1929 г.» озадачивает меня.

26. Она не получила деньги, насколько я знаю. Я родилась дома, с помощью повитухи.

27. Письмо Маяковского к «двум Элли» было написано 26 октября 1928 г., на следующий день, по словам Кемрада, после знакомства с Татьяной Яковлевой. Элли ответила на письмо 27 октября или около того. В архивах Маяковского остался только пустой конверт, как я думаю. Что случилось с письмом? Письмо подтверждает, что поэт испытывал нежность и тосковал по нам. Мне кажется, необходимо уточнить хронологию этих событий. В моей следующей работе я покажу, что Элли — при всей ее любви к Маяковскому — взяла свое будущее и будущее своей дочери в свои руки. Мы можем только предполагать о реакции Маяковского на отказ Элли прямо перед его знакомством с Татьяной Яковлевой.

28. В этом случае я не уверена. Приехал ли Маяковский в Ниццу, несмотря на отказ Элли? Когда он записал в записную книжку наш миланский адрес? Когда он записал имя маминой двоюродной сестры Марии Зиберт?

29. Не так. Совсем наоборот. Из уважения к Маяковскому мама никогда не крестила меня в католической церкви, но воспитала в протестантской христианской вере. Она помнила, как он сказал, когда они гуляли в Ницце и прошли мимо двух монашек: «Не дай католикам завладеть ею».

30. В 1972 г. Роджеру было 17. Первая история, написанная Сергеем Бабичем, появилась в новом советском журнале «Эхо планеты» весной 1990 г. В 1992 г., не имея возможности усыновить ребенка из России, мой сын Роджер Шерман Томпсон и его жена Гейл Черн-Томпсон усыновили ребенка из Боготы, Колумбия, рожденного 11 августа 1992 г., которого теперь зовут Логан Иван Томпсон.

ИЗБРАННАЯ БИБЛИОГРАФИЯ

ANDRIASOVA, Tatyana. 1991. «Mayakovsky's Daughter Comes to Moscow». *Moscow News* 32 (August 11–18), p. 1.

The Atlanta Journal. 1924. «Russian Princess Keeps House in Atlanta». (February 3), p. 11.

BABITCH, Sergei. 1990. «Patricia Thompson: Daughter of Mayakovsky». *Echo Planety* (April 28–May 4), pp. 39–44.

BARNICOAT, John. 1972. *A Concise History of Posters.* New York Oxford University Press.

BIRDSALL, Blair. 1983. «The Brooklyn Bridge at 100». *Technology Review* (March), 62–69.

BRIK, Lilja. 1991. *Schreib Verse fur mich: Erinnerungen an Majakowski und Briefe.* Tr. from the Russian by Ilse Tschortner. Berlin: Verlag Volk & Welt.

BRODSKY, Joseph. 1993. «Profile of Clio». *The New Republic* (Feb. 1), pp. 60–67.

BROWN, Edward J. 1992. *Russian Literature Since the Revolution.* Revised and enlarged ed. Cambridge, MA: Harvard University Press.

BROWN, Edward J. 1973. *Mayakovsky:A Poet in the Revolution,* Princeton, NJ: Princeton University Press.

BROZAN, Nadine. 1992. «Chronicle». *The New York Times* (March 17), p. B20.

BUCK, Joan Juliet. 1992a. «The Emigree Muse». *Vanity Fair* (March), pp. 190, 193–194, 224–226, 228, 230, 232.

BUCK, Joan Juliet. 1992b. «Actor From the Shadows». *The New Yorker* (Oct. 12), pp. 46, 48, 51–56.

CHARTERS, Ann and Samuel. 1979. *I Love: The Story of Vladimir Mayakovsky and Lili Brik.* New York: Farrar, Straus & Giroux.

DEUTSCH, Babette. 1963. *Poetry in Our Time.* 2nd ed. New York: Anchor-Doubleday.

DUNLOP, David W. 1982. «Scholars Debate Truth About Truth». *The New York Times,* April 26.

ERLICH, Victor, ed. 1975. *Twentieth Century Russian Literary Criticism.* New Haven and London: Yale University Press.

FIELD, Andrew, ed. 1971. *The Complection of Russian Literature.* New York: Atheneum.

FRANKEL, Tobia. 1972. *The Russian Artist: The Creative Person in Russian Culture.* New York: Macmillan.

GLENNY, Michael, ed. 1966. *The Golden Age of Soviet Theatre.* Trans. of «The Bedbug» by Max Hayward, with an Intro. by Patricia Blake. First produced in 1929. London: Penguin Books, pp. 28–77.

GOLEMAN, Daniel. 1992. «A Rising Cost of Modernity: Depression». *The New York Times* (Dec. 8), pp. C-l, C-13.

GORCHAKOV, Nikolai. 1957. *The Theater in Soviet Russia.* Tr. by Edgar Lehrman. New York: Columbia University Press.

GRAY, Francine du Plessix. 1991. «Moscow: Light and Shadow». *The New York Times Magazine* (Part 2/October 20). «The Sophisticated Traveler», pp. 56–58, 60, 90.

HASTY, Olga Peters & Susanne Fusso. 1988. *America Through Russian Eyes, 1874–1926.* New Haven, CT: Yale University Press.

HAYWARD, Max. 1983. *Writers in Russia:1917–1978.* Edited by Patricia Blake. San Diego, New York, London: Harvest-Harcourt Brace Jovanovich.

JANGFELDT, Bengt. 1991. «Majakovskij and "the Two Ellies"». *Scando-Slavica, Tomus 37,* pp. 24–34.

KRAMER, Hilton. 1979. «Revolutionary Art: Rediscovering Russia's Avant-Garde». *The New York Times Magazine (June* 24), 34–39, 41–43.

LARSON, Kay. 1987. «Born Again». *New York* (March 16), pp. 74–75.

MARX, Bill. 1992. «Separated at Birth?» Rev. of Abraham Tertz, *Little Jinx* and Andrei Sinyavsky, *Soviet Civilization: A Cultural History. The Nation* (November), pp. 511–513.

MAYAKOVSKY, Vladimir. 1983. «I, Myself». *Soviet Life* (October), pp. 26–29.

MAYAKOVSKY, Vladimir. 1926; 1970. *How Are Verses Made?* Tr. with an Intro. by G. M. Hyde. London: Jonathan Cape.

MAYAKOVSKY, Vladimir. 1985. [various translations] *Selected Works in Three Volumes.* Compiled, annotated, and with a Foreword by Alexander M. Ushakov. Moscow: Raduga Publishers.

MOORE, Harry T. and Albert Parry. 1974. *Twentieth-Century Russian Literature.* Caibondale and Edwardsville, IL: Southern Illinois University Press.

MUCHNIC, Helen. 1961. *From Gorky to Pasternak: Six Writers in Soviet Russia.* New York: Random House.

The New Republic. 1992. «Notebook». September 7 & 14, p. 10.

The New York Times. 1991. «Moscow Saving Great Brains». (Sept. 9, 1991), p. A9.

The New York Times. 1925. Editorial. «A Russian View of America». (December 22), p. 22.

The New York Times. 1925. «Red Poet Pictures U.S. as Dollar Mad». (December 21), pp. 1, 8.

PASTERNAK, Boris. 1949. *Safe Conduct.* New York: New Directions Paperback. Passage cited translated by Beatrice Scott.

PROSHINA, Larisa. 1991. «Tatyana Leshchenko-Sukhomlina: "God's Gift is to Forgive and to Love"». *Soviet Woman* (March), pp. 20–21.

PROFFER, Carl R. 1987. *The Widows of Russia.* Ann Arbor, MI: Ardis. See «Lily Brik», pp. 79–89.

RADDAZ, Fritz J. 1992. «The Case is Now Closed. Lily Brik's Memories of Vladimir Mayakovsky». Rev. of Lilja Brik's *Schreib Verse fur mich* (above). *Die Zeit* Nr. 12–13 (March), p. 81.

REZANOV, Gennadi and Tatyana Khoroshilova. 1991. «Mayakovsky's American Daughter». *Soviet Life* (November), pp. 26–28.

RICH, Louis. 1925. «Fiery Russian Poet Scolds New York». *The New York Times Magazine* (Oct. 11), p. 12.

SLONIM, Marc. 1977. *Soviet Russian Literature: Writers and Problems, 1917–1977,* 2nd rev. ed. New York: Oxford University Press.

SMITH, Martin Cruz. 1992. *Red Square.* New York: Random House.

STAPANIAN, Juliette R. 1986. *Mayakovsky's Cubo-Futurist Vision.* Houston: Rice University Press.

STERN, Elizabeth G. 1925. «Harlem's Russian Night». *The New York Times Magazine,* April 12 (page unknown).

THOMPSON, Patricia J. 1992. Bringing Feminism Home. Charlottetown, PEI, Canada: University of Prince Edward Island Home Economics Publishing Collective.

THOMPSON, Patricia J. 1992. «Truthful Witness: Confessions of a Hestian Feminist». In Linda Peterat and Eleanore Vaines (eds.). *Lives and Plans: Signs for Transforming Practice.* Twelfth Yearbook of the Teacher Education Section of the American Home Economics Association. Mission Hills, CA: Glencoe.

THOMPSON, Patricia J. 1992. «Home Economics: Feminism in a Hestian Voice». In Cheris Kramarae and Dale Spender (eds.). *The Knowledge Explosion.* New York: Teachers College Press.

TROTSKY, Leon. 1960. *Literature and Revolution*. Ann Arbor, ML University of Michigan Press.

TROYAT, Henri. 1989. *Gorky: A Biography*. Trans. from the French by Lowell Bair. New York: Crown.

WALKER, Joseph, Christopher Ursitti & Paul McGinniss. 1991. *Photo Manifesto: Contemporary Photography in the USSR*. New York: Stuart, Tabori, and Chang.

WOROSZYLSKI, Wiktor. 1970. *The Life of Mayakovsky*. Tr. from the Polish by Boleslaw Taborski. New York: The Orion Press.

YEVTUSHENKO, Yevgeni. 1967. *Bratsk Station and Other Poems*. New York: Doubleday.

ПРИЛОЖЕНИЕ

ПИСЬМА ВЛАДИМИРА МАЯКОВСКОГО И ЭЛЛИ ДЖОНС

Переписка Маяковского и Элли Джонс продолжалась с декабря 1925 года по апрель 1929 года. Несомненно, она была более обширной и содержательной, чем представляется теперь.

Из писем Маяковского к Элли Джонс сохранилось лишь одно (архив Патриции Томпсон). Находящиеся в фонде Л.Ю.Брик и В.А.Катаняна 5 писем, 2 открытки и пустой конверт, адресованные Маяковскому, — все, что осталось от корреспонденции Элли Джонс в Российском государственном архиве литературы и искусства (РГАЛИ, фонд 2577).

Рассматривая эти документы в их последовательности, можно заключить, что отсутствует «записка» Элли Джонс с извещением о появлении на свет 15 июня 1926 года их дочери. Затем утрачено ответное письмо Маяковского от начала июля 1926 года, в котором он поздравляет Элли с рождением дочери, справляется о здоровье и пишет о желании приехать в Америку. Судя по конверту, не сохранилось письмо Элли, отправленное из Ниццы в Париж после встречи с Маяковским, в тот же день, 27 октября 1928 года, когда Маяковский в свою очередь послал письмо в Ниццу «двум Элли». Отсутствует письмо Маяковского, вероятно, отправленное им Элли Джонс по итальянскому адресу (см. с.105), когда в конце марта 1929 года он приехал из Парижа в Ниццу и не застал там Элли. Кроме того, в письме Элли от 8 ноября 1928 года отсутствует 1-я страница. Две телеграммы Маяковского известны в пересказе Элли Джонс.

Возможно, существовали и не сохранились какие-то другие письма, о которых нам трудно судить, также как и о причинах их исчезновения. Что сохранил у себя Маяковский несмотря на слова Элли в прощальном письме: «Рвите те мои глупые письма, если они еще целы»? Что оставила на память боявшаяся обнаружить себя и маленькую дочь Элли Джонс? Патриция Томпсон пишет, что Элли порвала все записки и телеграммы Маяковского, оставив одно письмо и рисунки. Как отнеслась к письмам Элли нашедшая их в бумагах Маяковского и прочитавшая после смерти адресата Лиля Брик? Уничтожила часть их так же, как сделала это с письмами Татьяны Яковлевой?

Едва ли можно с уверенностью ответить на эти вопросы. Однако вслед за Патрицией Томпсон необходимо более глубоко задуматься над истинным драматизмом истории любви Владимира Маяковского, Элли Джонс и их дочери.

1. Элли Джонс — Маяковскому

<декабрь 1925. Рождественская открытка с типографским текстом>*

<адрес> 111 W 12-th St. New York City. USA

With every Good Wish
for your Happiness Christmas
and the New Year
<подпись> Elly**.

2. Элли Джонс — Маяковскому.

6-ого мая 1926

Через три недели необходимо заплатить $600 в госпиталь***. Если можете, пришлите по этому адресу:

---

* Открытка отправлена из Нью-Йорка, с 12-й улицы в Нижнем Манхэттене, где Маяковский встречался с Элли.

** «Всего наилучшего вам в счастливое Рождество и Новый год» Элли (англ.). Маяковский, по свидетельству Элли Джонс, ответил телеграммой: «С Новым годом! Пиши все! Все!»

*** Готовясь к родам, Элли вместе с подругой Пэт Ливенгуд переехала в более дешевый район Нью-Йорка, Джексон Хайтс на Лонг-Айленде. "Она попыталась — наивно, как теперь кажется — использовать зашифрованный язык в письме: "Я написала, что мы с Пэт сняли квартиру, и я не могла работать некоторое время, но я должна лечь в больницу в июне. Если бы он мог чем-нибудь помочь, было бы здорово"<...> Он сразу ответил телеграммой. Теперь была ее очередь читать между строк *его* телеграммы. Мама перевела мне это послание: «Не то, чтобы я не хотел помочь, но *объективные обстоятельства* не позволяют мне сделать то, чего бы я сам хотел» (Цит. по: Патриция Томпсон. Маяковский в Ницце). Там же указывается: «...Элли поняла, что у нее нет денег на больницу. Ее венгерская подруга Люси Шиммерлих согласилась принять роды дома, в квартире, и договорилась с няней. Роды дома обошлись ей почти в 200 долларов».

129

125-27-th St.
Apt. F32
Jackson Heights, N.Y.
Думаю, что понимаете мое молчание. Если умру — allright* — если нет, увидимся.

«Ёлкич»

3. Элли Джонс — Маяковскому**

20-ое июля 1926

Так обрадовалась Вашему письму, мой друг! Почему, почему не писали раньше. Я еще очень слаба. Еле брожу. Писать много не могу. Не хочу расстраиваться, вспоминая кошмарную для меня весну. Ведь я жива. Скоро буду здоровой. Простите, что расстроила Вас глупой запиской.

Рехт вернется в августе. Уверена, что визу Вам достанет. Если окончательно решите приехать — телеграфируйте.

Я же написала свой адрес. Живу в Long Island. Со мной Pat. Она не отходила от меня за все это время. Милая.

Ждала, ждала от Вас писем, а они у Вас в ящиках? Ах, Владимир.

Неужели помните про любимую лапу. Смешной!

Как-нибудь бы нам обеим<sic> сходить к Freud***.

L. M.****

(радостно)
195–27-th St. Apt. F.32
Jackson Heights, N.Y.
USA

4. Элли Джонс — Маяковскому

<декабрь 1926. Конверт с адресом: «Russia. В.В.Маяковскому. Лубянский проезд, № 3, № 12. Москва. СССР» и обратным ад-

----

* хорошо (англ.)

** написано в ответ на несохранившееся письмо Маяковского по случаю рождения дочери.

*** Зигмунд Фрейд (1856–1939) — австрийский психолог, основатель психоанализа, развил теорию психосексуального становления индивида.

**** Вероятно, инициалы означают «Лиза Маяковская».

130

ресом: «195–27-th St. Apt. F.32 Jackson Heights, N.Y.» Штемпель: 3.12.1926 и 17.12.1926.

Рождественская открытка с типографским текстом>

I have said it with real,
I repeat it with rest,
And I'm sure my good wish
Will beat all the rest —
A very Merry Christmas!
<подпись> E. *

5. Элли Джонс — Маяковскому.

<Конверт, штемпель: Nice 27.10.1928. Адрес: Monsieur Vladimir Majakowsky. 29, rue Campagne Premiere. Hotel Istria>

Конверт от письма Маяковского Элли Джонс. 1928. © П.Томпсон

---

* «Я сказала правдиво, я повторила с расстановкой, и я уверена, что мое доброе пожелание переборет остальные — веселого Рождества!» (англ.)

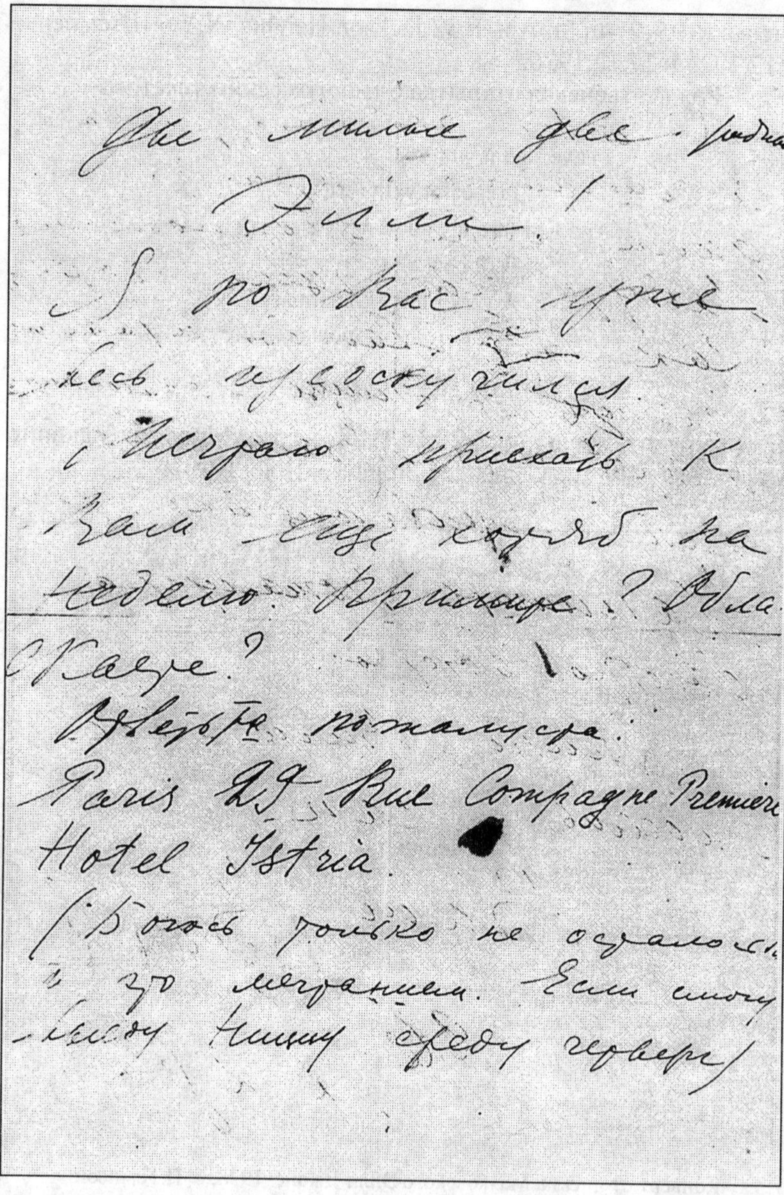

Две милые две родные
Элли!
Я по Вас уже
весь изсоскучился.
Мечтаю приехать к
Вам хоть на
недельку. Примете? Обла-
скаете?
Ответьте пожалуйста.
Paris 29 Rue Campagne Première
Hotel Istria.
(Боюсь только не осталось
и это мечтанием. Если смогу
-выеду Ниццу среду четверг)

Письмо Маяковского Элли Джонс. Автограф. © П.Томпсон

Я жалею что быстрота
и случайность приезда не
дала мне возможность
радуюсь себе ваши здоровье
Как это вам бы нравилось
Надеюсь в тишине волости
и предградь. Всемо во
всем умывающися глас
Напишите пожалуйста
быстро быстро.

Целую вам всех
люблю вас

Ваш В.

26/I 28

6. Маяковский — Элли Джонс.*

<Конверт: штемпель: Paris 27.10.1928. Адрес: Nice, 16 avenue Schakespeare. M-me Elly Jonnes>

Две милые, две родные
    Элли!
Я по Вас уже весь изсоскучился.
Мечтаю приехать к Вам еще хотя б на неделю. Примите? Обласкаете?
Ответьте пожалуйста.
Paris 29 Rue Compagne Premiere, Hotel Istria.

(Боюсь только не осталось бы и это мечтанием. Если смогу — выеду Ниццу среду-четверг).
Я жалею, что быстрота и случайность приезда не дала мне возможность раздуть себе щеки здоровьем, как это вам бы нравилось. Надеюсь в Ницце вылосниться и предстать Вам во всей улыбающейся красе.
Напишите пожалуйста быстро-быстро.
Целую Вам все восемь лап

Ваш Вол
26.10.28

---

* Написано на следующий день после возвращения из Ниццы, куда Маяковский приезжал в октябре 1928 года на три дня повидаться с Элли Джонс и двухлетней дочкой. От общей знакомой, певицы Лидии Мальцевой, Маяковский узнал о том, что в Ницце живет в ожидании американской визы Элли с ребенком. В письме Лиле Брик от 20 октября он сообщал: «Сегодня еду на пару дней в Ниццу (навернулись знакомицы) и выберу, где отдыхать. Или обоснуюсь на 4 недели в Ницце или вернусь в Германию». В ответном письме от 28 октября Л.Брик уточняла: «Пишешь: еду в Ниццу, а телеграмм из Ниццы нет» (Б.Янгфельд. «Любовь это сердце всего». М., 1991. С.176–178). В Париже, куда он вернулся 25 октября, поэт познакомился с Татьяной Яковлевой и серьезно увлекся ею, — ожидаемая вторая встреча в Ницце не состоялась. Содержание письма Элли, отправленного до получения письма от Маяковского, неизвестно. Патриция Томпсон предполагает, что Элли запретила ему возвращаться и продолжать отношения из-за возможной опасности со стороны ГПУ. Однако два следующих письма Элли свидетельствуют об ожидании обещанной встречи и шестинедельной тоске, когда Элли снова осталась одна.

Дочь Маяковского на балконе гостиничного номера.
Ницца, 1928.
© П.Томпсон

<Конверт, штемпель: Nice 30.10.1928. Адрес: Mr. Vladimir Mayakovsky. 29 Rue Compagne Premiere. Hotel Istria. Paris. Обратный адрес: Mm. Elly Jones. 16 Ave Shakespeare. Nice>

7. Элли Джонс — Маяковскому.

Понедельник, 29 окт<ября> 1928.

Конечно, уродище, Вам будут рады!

Что за дети? Что за разговоры? С кем? В наше время никто бы не посмел говорить таким тоном с матерью...

Немедленно телеграфируйте о Вашем решении. Мы Вас встретим!

Письмо Ваше было получено только что, семь ч<асов> вечера, так что лишь завтра утром отошлю это.

Четыре лапы спят! Поцеловали в правую щеку за или для Володи, в левую для мамы. Потом объясняли долго, чтобы не перепутать, что именно на правой Володин поцелуй.[часть текста оторвана] и приезжайте.

Мы можем ходить в гости и в более скромный номер. Постарайтесь приехать без простуды. У меня громадная лихорадка на губе. Не помню такого случая. Если не сможете приехать — знайте, что в Ницце будут две очень огорченные **Элли** — и пишите нам часто. Пришлите комочек снега из Москвы. Я думаю, что помешалась бы от радости, если бы очутилась там.

Вы мне опять снитесь все время!

Но хорошо.

Ваша Елизавета.

[на полях 4-й стр.] Приезжайте! Только без переводчиков! Ваша каждая минута и так будет если не полна — то во всяком случае занята!!!!

8. Элли Джонс — Маяковскому.

"<часть текста утрачена> Вы сказали? «Мы так много лгали, лгите еще». Теперь говорю — если все Вами сказанное здесь, было из вежливости — будьте еще вежливы, если это Вам не страшно трудно. Вы себе представить не можете, как я изнервничалась за эту неделю! Я не знаю, о чем Вы думаете — но мне и так тяжело — я Вас не очень люблю — а просто люблю. Зачем мне делать еще больнее. Тогда не нужно было

136

приезжать. Или и первое письмо не написать. Я же просила Вас телеграфировать! Некогда? Сразу двух Элли забыли? Или быть может не понравилось мое письмо? Или не интересно ехать к простуженным женщинам, которые дают к тому же буржуазные наставления.

Родной! Пожалуйста (девочка говорит bitte, bitte, bitte) никогда не оставляй меня в неизвестности. Я совершенно схожу с ума! И если не хочешь мне писать, скажи - Это мое последнее письмо — как-то не пишется. Или что-нибудь такое. Только так слушать и волноваться при каждых шагах в коридоре, при стуке в дверь — даже жутко.

Девочке тоже было сказано, что Ты быть может приедешь. Были ужасные дожди, она себя чувствовала плохо — мы пять дней никуда не выходили — Она все время выбегала на балкон, думала, что Вы должны приехать в автомобиле. Потом я плакала и она меня утешала и грозилась, что сладкого не даст. Я стараясь ей объяснить в чем дело сказала: «Володя ist dum und ungezogen* не только не приехал, но и не написал». С тем, что это невоспитанно, она, очевидно, согласилась — но сказала решительно: "Володя ist nicht — Сережа ist dum"**.

Читаю Вашу книгу, чтобы не совсем забыть русский. Вчера моя преп<одавательница> спросила: "Как по-французски **злак**" — "Я и по-русски не представляю себе, что это за металл", — я ответила.

Я начала было уже не так по Вас тосковать — но вот Вы приехали и опять ужасно не хватает Вас и по России скучаю.

Ко всему этому я еще получила письмо от моей приятельницы, что Таня Жданова — моя подруга — хороший человек, но после моего отъезда из Москвы попала в общество Сузанны Мар***, отравилась в Москве. Меня очень огорчило — хотя мы с ней года три не переписывались.

Как я (по-своему) ни была несчастна в своей жизни, умирать мне никогда не хотелось. Всегда хотелось, чтобы скорей эти страдания стали мне смешными!

---

* "Володя — глупый и невоспитанный" (нем.).

** "Володя не такой — Сережа глупый" (нем.).

*** Сусанна Мар (Сусанна Григорьевна Чалхушьян, 1900–1965) — поэтесса, переводчица, автор сб. "Абем". М.,1922. Она входила в группу ничевоков и участвовала в сб. "Собачий ящик, или Труды Творческого бюро Ничевоков в течение 1920–1921 гг." Вып. 1. М., Хобо, 1921.

Ах да еще мое последнее, месяца три тому назад написанное письмо к Пэт вернулось. Куда она делась? Тоже кандидат на самоубийство. Ей страшно тяжело сейчас и я не могу быть с ней, мне жалко, я ее очень люблю.

Правда, Владимир, не огорчайте Вашего girle friend!* Вы же собственную печенку готовы отдать собаке — а мы просим так немного. Ведь мы тоже звери, с ногами, с глазами!** Уверяю, незаурядные. Только что не в клетке. И сташно нужно для нашего спокойствия, чтобы мы знали, что о нас думают. Ну раз в месяц (пятнадцатого день рождения девочки) подумайте о нас! Напишите — и если некогда, вырежьте из журнала, газеты что-нибудь свое и пришлите. Книги, обещались!

Я здесь буду до марта. В марте дожди здесь и я поеду в Милан. Там буду у своей подруги — по крайней мере не одна. Лето буду где-нибудь на Ривьере или в Biaritz.

Берегите себя, да? Попросите человека, которого любите, чтобы она запретила Вам жечь свечу с обоих концов! К чему? Не делайте этого.***

Ваши Элли. 8.XI.28

---

* Подруга (англ.)
** "Я люблю зверье.

      Увидишь собачонку —
тут у булочной одна —

      Сплошная плешь, —
из себя

И то готов достать печенку.

Мне не жалко, дорогая,

         Ешь!

             (Про это, IV 183)

*** Возможно, эти слова свидетельствуют о том, что Элли узнала о новой любви поэта.

9. Элли Джонс — Маяковскому.*

<Конверт, штемпель: Nice 13.4.1929 — Москва 19.4.29. Адрес: Russie. В.В.Маяковскому, Лубянский проезд, 3, кв. 20. Москва. СССР. USSR. Обратный адрес: Mm E.J. 18 Corringham Road Golders-Green. London>

Ницца. 12-го апр<еля> <19>29

Дорогой Владимир —
I can see your viewpoint now!**
Все хорошо, что хорошо кончается.

Потосковав честно шесть недель — успокоилась. Зимой маленькая была очень больна — два месяца не могла отделаться от гриппа. День уже совсем хорошо, веселая бегает — и на другой день температура 39. Понятно, здесь уже не до переживаний и любви вообще.

В конце февраля мы поехали в Италию к моей приятельнице. Я оставляла дочь с ней и сама делала маленькие ab stecher*** в разные города. Получила массу удовольствия и отдохнула. К

---

* В письме Л.Брик из Парижа от 22 марта 1929 года Маяковский сообщал: «Завтра еду в Ниццу – на сколько хватит. А хватит очевидно только на самую капельку.<...> И в Ниццу и в Москву еду конечно в располагающей и приятной самостоятельности». 21 марта он еще из Берлина телеграфировал Татьяне Яковлевой: «Приеду завтра двадцать второго два часа голубым экспрессом целую люблю».

По-видимому, Маяковский, не встретивший Элли, сообщил ей в письме о своем решении жениться на Татьяне Яковлевой. Этим определяется прощальный характер ответного письма Элли Джонс из Ниццы в Москву. Через год тем же числом "12 апреля" Маяковский пометил свое прощальное письмо "Всем". О драматичном состоянии Маяковского в Ницце, за год до гибели, вспоминал художник Юрий Анненков: "<...> Маяковский между прочим спросил меня, когда же я вернусь в Москву? Я ответил, что я об этом больше не думаю, так как хочу остаться художником. Маяковский хлопнул меня по плечу и, сразу помрачнев, произнес охрипшим голосом:

— А я — возвращаюсь...так как я уже перестал быть поэтом.

Затем произошла поистине драматическая сцена: Маяковский разрыдался и прошептал, едва слышно:

— Теперь я ...чиновник...»

** «Я могу понять теперь вашу точку зрения!» (англ.).

*** «набеги» (нем.)

139

сожалению, мое пребывание там пришлось cut short*, так как получила кабель от George с предложением не позже 17-ого быть в Лондоне. Моя квотная виза готова и он едет уже в Лондон, чтобы меня встретить. Я очень рада, что в конце концов покончу с этим делом. Но и расстроена, что все мои планы на лето обрушились. Мысль о том, что нам придется прожить три недели в Лондоне приводит меня в ужас. Ведь будем в гостях у **бабушки** — потом этот убийственный климат. Я и приехала сломя голову сюда, чтобы дочь могла запасаться солнцем. Она Вас еще не забыла, хотя я никогда о Вас с ней не говорю. На днях мы гуляли в Милане и она вдруг говорит: "Der grosse Mann heist Володя».** Вы мне как-то давно сказали, что никогда ни одна женщина не устояла Вашему charm'у.*** Очевидно, Вы правы.

Кстати (а причем здесь кстати?). Если будете встречаться с Лидией, не говорите с ней обо мне. Она осенью написала всем неприятельницам, что видела Вас — нас и т.д. Я боюсь, что и терпению George может быть конец. А мне за ним все-таки спокойно и он Выше Всех — Ему предложили ехать в Россию по делам Longacre Cunstitution Co. — ревизором которого он состоит, но я его просила не принимать.

Итак, через месяц мы уже в N.Y. если удастся приехать в Америку — и нужно будет нравственной поддержки в виду гарантии, напишите **мне**:

> Mrs. G.E.J.
> C|O Col. Walter h. Bell
> 25 W. 45-th St.
> New York City.

Пока пишу, дочь занялась серьезным делом — натирает паркет моим кремом.

А знаете, запишите этот адрес в записной книжке — под заглавием — «В случай смерти, в числе других, прошу известить и — нас — Берегите себя.

Елизавета

<приписка на 1-й странице> «Рвите те мои глупые письма, если они еще целы, да?»

---

* «укоротить» (нем.)

** «Высокий человек по имени Володя» (нем.)

*** обаяние (фр.)

СОДЕРЖАНИЕ

**Патриция Дж. Томпсон
(Елена Владимировна Маяковская)**

*Маяковский
на
Манхэттене*

*История любви
с отрывками из мемуаров
Элли Джонс*

Оригинал-макет изготовлен
Владимирской Л.В.

ИД № 01286 от 22.03.2000 г.

Подписано в печать 15.06.2003 г. Формат 60x90^1/$_{16}$. Бумага офсетная.
Гарнитура Таймс. Печать офсетная. Печ. л. 9. Тираж 1500 экз.

Заказ № 8823

Отпечатано в полном соответствии
с качеством предоставленных диапозитивов
в ППП «Типография «Наука»
121099, Москва, Шубинский пер., 6